Was hat München
Hubert Burda gegeben?

Was hat Hubert Burda
München gegeben?

BURDA UND München

Eine Liebesgeschichte

Hubert Burda

BURDA UND München
Eine Liebesgeschichte

Inhaltsverzeichnis

1983 Seite 6
Mit BUNTE nach München

Mit diesem Buch werden die Münchener Lebensstationen Hubert Burdas nacherzählt, von den fünfziger Jahren bis heute.Die visuelle Ouvertüre des ersten Kapitels spiegelt den erfolgreichen Start des BUNTE-Chefredakteurs und Bauherren Hubert Burda in seiner liebgewonnenen zweiten Heimat München wider.

1950 Seite 24
Ein Herz für München

Wenn Hubert Burda in jungen Jahren von Offenburg nach München reiste, wunderte er sich über das Tempo, in dem die Isarstadt ihre vom Bombenkrieg zerstörten Repräsentativbauten wiederherstellte. Das München der Nachkriegszeit profitierte von der Attraktivität der amerikanischen Besatzungszone, die Großunternehmen wie Siemens oder Allianz anlockte und nachts die GI's in die Schwabinger Jazzkeller schwemmte. Diese Aufbruchstimmung, verbunden mit der einzigartigen bayerischen Lebensart, zog auch die Offenburger Verlegerfamilie fest in ihren Bann. Wie selbstverständlich schrieb sich dann auch Hubert Burda zum Sommersemester 1959 an der LMU ein.

1960 Seite 44
Die wilden 60er-Jahre

Die Wahl des jungen, energischen Oberbürgermeisters Hans-Jochen Vogel im Jahr 1960 führte städtebaulich zu einem kräftigen Modernisierungsschub der Landeshauptstadt. Gleichzeitig beginnt Hubert Burda sein Studium der Kunstgeschichte bei Professor Hans Sedlmayr, der ihn maßgeblich beeinflusst. Kritisch hinterfragt seine anstehende Dissertation die junge Studentin Christa Maar, die Burda kurz zuvor kennen und lieben gelernt hatte. Schon bald wurde Sohn Felix geboren. Die kulturellen Revolutionen der 60er-Jahre erlebt Hubert Burda als wacher Beobachter, jedoch gilt seine berufliche Konzentration ganz und gar dem Familienunternehmen, in dem er sich bereits 1966 als Verlagsleiter von Bild+Funk beweisen muss.

1970 Seite 84
Das Schickeria-Jahrzehnt

Mit der Olympiade 1972 erreichte die bayrische Metropole den Höhepunkt einer 25-jährigen urbanen Erfolgsperiode, und München wird zum Magneten für die Schönen und Reichen. Der Munich-Disco-Sound wurde geboren, und Rockstars zelebrierten in den Clubs genüsslich ihren ausschweifenden Lifestyle. Angelehnt an das damalige Kult-Magazin „Twen", startet Hubert Burda mit Freunden sein erstes eigenes Zeitschriftenprojekt „M". Nach mangelnden finanziellen Ergebnissen stellt sich dem jungen Verleger nun eine noch größere Herausforderung: die Chefredaktion des Flaggschiffs – die BUNTE. Im Spagat zwischen Trivial- und Hochkultur wird der Petrarca-Preis gegründet, und unzählige Dichterfeste finden ihren gedanklichen Ursprung im blauen Salon der Münchener Schackstraße.

1980

Seite 120

Umzug in die Metropole

Geschichten erzählen ist das Brot- und Buttergeschäft eines Journalisten. Nur am Stammsitz des Burda Verlages in Offenburg ist dieses nur schwer zu realisieren, und so drängt Hubert Burda zum plausiblen Umzug der Lifestyle-Magazine in die brodelnde bayerische Hauptstadt mit Herz. Schnell wird im Arabella-Areal ein Grundstück gefunden und mit dem Pop-Art Künstler Andy Warhol Einzug in die Arabellastraße 23 gefeiert. Im Herbst 1986 verstirbt Senator Franz Burda und Sohn Hubert übernimmt nach der Realteilung das verlegerische Erbe des Vaters.

1990

Seite 148

Die digitale Revolution

Mit der Wiedervereinigung entdeckten westdeutsche Medien nun den Osten des Landes. Auf diese Herausforderung reagierte Hubert Burda mit der Gründung verschiedenster Illustrierten und Kooperationen. Doch ausgerechnet das schwierigste Unterfangen am deutschen Zeitschriftenmarkt sollte Früchte tragen. Sein Nachrichtenmagazin „FOCUS“ leitete die neue Infotainment-Epoche mit einer nie dagewesenen bunten Bildsprache ein. Im Jahr 1992 heirateten Hubert Burda und Maria Furtwängler. Mit Sohn Jacob und Tochter Elisabeth ist die neue Burda-Familie perfekt. Mittlerweile ist Berlin zur gesamtdeutschen Hauptstadt ernannt und entfacht eine starke Anziehungskraft. Wie kann sich jetzt München behaupten? Im Schulterschluss mit Politik, Wissenschaft und Wirtschaft treibt Verleger Hubert Burda nun Technologie-Themen mit Symposien und Publikationen voran. Gebetsmühlenartig spricht er von der „Digitalen Revolution“, als noch niemand in Deutschland daran denkt, und rückt Hubert Burda Media und „sein“ München so immer wieder in den Mittelpunkt.

2000

Seite 176

Die Jahrtausendwende

Das neue Jahrtausend startet mit „Personal Computer“ und „Smartphone“, die digitale Revolution gewinnt immer mehr an Fahrt – nur die Globalisierung kreiert auch neue Herausforderungen an den Standort Deutschland. Hubert Burda Media wandelt sich nun zu einem Konzern, der neben dem Zeitschriftenverlag zielgerichtet auch im Internet-Bereich expandiert. Um diesen Paradigmenwechsel zu reflektieren, startet Hubert Burda zunächst die Vortragsreihe „Iconic Turn“, danach den DLD – den Digital Lifestyle Day.
Als Stifter und Förderer vieler kultureller Initiativen ist für Hubert Burda vor allem die Unterstützung der jüdischen Kultur Herzenssache und hat Tradition in seiner Familie. Ehrungen und Auszeichnungen für sein Engagement bleiben nicht aus – Höhepunkt: die Ehrenbürgerwürde der Stadt München im Jahr 2019!

U4

Die U-Bahnlinie U4 startet im Westend, durchquert die ganze Stadt und endet am anderen Ende Münchens im Arabellapark – beim Stammsitz von Hubert Burda Media.

Vorwort

Was verbindet Hubert Burda mit der bayerischen Landeshauptstadt München? Schon in seinen Jugendjahren, in den Fünfzigern, faszinierte ihn die Isarstadt.

Verglichen zu seiner Heimat Offenburg besaß sie einen großen, wenn auch vom Krieg noch beschädigten Bahnhof, auf dem es vor Reisenden aus vielen Ländern wimmelte. Das Kino im Bahnhofsgebäude zeigte aktuelle Wochenschauen, zeigte Hermann Buhls Gipfelbesteigung des Nanga Parbat im Jahr 1953, ein deutsch-österreichisches Ereignis, das damals die Öffentlichkeit faszinierte. Der Innsbrucker Buhl wurde der erste Sportheld im Nachkriegsdeutschland.

Der dreizehnjährige Hubert hatte seinen Vater nach München begleitet, der dort über einen Druckauftrag des Sporthauses Schuster zu verhandeln hatte. Man wohnte im Hotel Sonne an der Sonnenstraße. Die „Gipfelerstürmung“ Buhls, der erste ohne zusätzlichen Sauerstoff auf dem Gipfel eines Achttausenders, als Metapher wie man die Herausforderungen des Daseins bewältigt, sollte ihn ein Leben lang prägen.

München bedeutete für Hubert Burda Großstadt, Tor zur Welt, aber auch Kunststadt, Stadt der Museen. Hier wird er 1959 sein Studium der Kunstgeschichte beginnen und sechs Jahre später an der Ludwig-Maximilians-Universität seine Promotion abschließen. 1966 wird er Verlagsleiter der Fernsehzeitschrift „Bild+Funk“, heiratet seine Kommilitonin Christa Maar und feiert 1967 die Geburt seines Sohnes Felix, kurz: München wird nach Offenburg sein zweiter, eigentlicher Lebensmittelpunkt.

Mit diesem Buch werden die Münchner Lebensstationen Hubert Burdas nacherzählt, von den fünfziger Jahren bis heute, also über sieben Jahrzehnte hinweg. Es ist die Zeit, in der Hubert Burda Media zu einem europäischen, einem internationalen Medienhaus aufsteigt und München sich zu einem imponierenden deutschen Wirtschaftsstandort entwickelt mit Großunternehmen wie Siemens und Allianz, aber auch mit einer vitalen, zukunftsträchtigen Start-up-Szene. Hubert Burdas Lebensweg wird vom gesellschaftlichen, kulturellen und wissenschaftlichen Leben der Stadt angestoßen: Münchens Aufstieg von einer grauen, von Bomben schwer getroffenen Wittelsbacher Residenzstadt zur Millionenstadt 1958, zur Olympiastadt 1972, zur modernsten deutschen Wirtschaftsmetropole und zum farbigen Kulturzentrum, von Klassik und Pop-Culture wechselseitig bestimmt wie von einer bedeutenden Buchverlagslandschaft und Medienwelt. Nicht zu vergessen: Münchens spezifische Volkstümlichkeit, sein Millionen Touristen anziehendes, aber sein bayerisches Wesen nie verleugnendes Oktoberfest. Vor allem aber werden die Menschen gezeigt, die sein Leben in München ausmachen.

Was hat München Hubert Burda gegeben, was Hubert Burda München? Beides wird in diesem Buch erzählt.

Stephan Sattler

BURDA München Projekt 1

1983

Mit BUNTE nach München

1

1 **ANDY WARHOL: IMAGES OF MUNICH**
Ehemals im Empfang des Verlagshauses München und seit 2000 im Medienpark Offenburg

2 **BAUSTELLE DER ZUKUNFT**
In den Jahren 1982 und 1983 entsteht in der Arabellastraße im Münchner Osten das neue Verlagsdomizil

„Andy war der Anstoß für meine Idee, BUNTE in ein People Magazine zu verwandeln."

DR. HUBERT BURDA über eines der vielen Treffen mit Andy Warhol

2

Neustart: mit BUNTE nach München

Frühjahr 1983. Zum ersten Mal in Höhe der sechsten Etage des künftigen Burdahauses Arabellastraße 23. Dr. Hubert Burda blickt in Richtung Süden sehr überzeugt von seiner Entscheidung für die „entstehende Stadt in der Stadt" im Arabellapark im Nordosten. Im Alter von 43 Jahren verbindet ihn ein dritter Aufbruch mit München. 1959 Kunststudium. 1966 Verlagsleitung der BILD+FUNK. München inspiriert. Heute, 40 Jahre später, ist sein Kommunikationskonzern Hubert Burda Media ein internationaler Player in der globalen Medienwelt, führend im „Iconic Turn", der ikonischen Wende vom Wort zum Bild. Die Palette umfasst mehr als 200 Zeitschriften, digitale Projekte und Unternehmensbeteiligungen. Gleichzeitig erlebt die Burda-Vergangenheit am Gründungsort des Verlags, Offenburg, mit gut einem Dutzend bunter Titel eine neue Hochphase.

„Ich durfte Zeuge sein des größten Medienumbruchs seit der Erfindung des Buchdrucks“

DR. HUBERT BURDA über den „Iconic Turn“, die Wende vom Wort zum Bild

1

1 **JOSEF SCHÖRGHUBER, 1979**
vor einem Modell des Arabellaparks

2 **EINWEIHUNG MIT DR. HUBERT BURDA**
Am Start waren es in der Arabellastraße
104 Mitarbeiterinnen und Mitarbeiter.
Heute sind es in drei Verlagsgebäuden 1.335

2

Richtfest mit neuer Ausrichtung

Den Vater Dr. Franz Burda und seinen jüngsten dritten Sohn trennten – anfangs schon wegen des Altersunterschieds von 37 Jahren – in Bezug auf die Zukunft der Zeitschrift BUNTE häufig unterschiedliche Vorstellungen. Noch im Offenburger Burda-Hochhaus mussten vertraute Mitarbeiterinnen und Mitarbeiter gelegentlich entscheiden, welche Richtung sie unterstützten. In diesem Sinn war der Oktober 1983 ein neuer Anfang und Befreiungsschlag für die Zeitschrift und ihren Chefredakteur. Jedoch als Herzensaufgabe haben die Anstrengungen für BUNTE die beiden Burda-Generationen mit starkem Willen immer fest verbunden.

VERLAGSHAUS MÜNCHEN, 1983
Eine ideale Stätte für die Ideen und Chancen des „Iconic Turn“

Burda-Blau unter blauem Münchner Himmel

Der Arabellapark entstand in der Mitte zwischen Münchner Zentrum und dem sechs Kilometer entfernten Flughafen München-Riem. Vom Endpunkt – oder auch Anfang – der Linie U4 sind es nur fünf Stationen ins Gründerzeitviertel Lehel mit dem Englischen Garten. In dem modernen Gebäude leitete Dr. Hubert Burda noch drei weitere Jahre die BUNTE-Chefredaktion. Von Montag bis Freitag verging keine Redaktionskonferenz, ohne dass nicht in der Runde imaginär große Köpfe wie Erich Fromm, Dr. Elisabeth Kübler-Ross, Bazon Brock, Neil Postman oder Pierre Bourdieu präsent waren. Jeder Bestseller aus den Bookstores Rizzoli und Scribner's in Manhattan, Sachbuch und Fiktion, lag am nächsten Tag in der Arabellastraße auf dem Konferenztisch. Erfinder der gefragtesten Diäten wie Robert Atkins mit seiner Low-Carb-Revolution und David Reuben, Markenzeichen Roggenbrot, Sauerkraut, Pastrami, waren jeder und jedem in der BUNTE-Redaktion geläufig, auch den Spezialistinnen und Spezialisten für Sport, Mode und Königshäuser. Umgeben von seelenlosem Glas, Stahl und Beton entwickelte sich ein feinsinniges Arbeitsklima, stark geprägt vom Chefredakteur mit dem für seine Rolle idealen Sternzeichen Wassermann aus dem Element Luft. In der Astrologie steht das für Idealismus, Vernunft, Vielseitigkeit und Flexibilität.

VERLEGERBÜRO, 2023
Seit 40 Jahren ein
überwältigender Ausblick

Weit dahinter war die Heimat des Renaissancedichters Petrarca

Mittagsstimmung im Verlegerbüro, sechster Stock, München, Arabellastraße 23. In Offenburg hatte sich der junge Dr. Hubert Burda Anfang 30 noch für ein erstes Büro im Verlag der Mutter Aenne ohne eigene Sekretärin entschieden, einige hundert Meter vom Hochhaus des Vaters entfernt. Später bezog er Tür an Tür mit Dr. Franz Burda das allerkleinste Einzelzimmer. Seine tatsächliche Wirkungsstätte war damals schon unmittelbar in der Umgebung der Redaktion. Konsequenterweise platzierte er dann auch in München den Konferenzraum in die Chefetage des Verlagszentrums. Auch diese Gewohnheit behielt er bei: Knopfdruck-Sprechanlagen auf den Schreibtischen des Dutzends seiner engsten Mitarbeiterinnen und Mitarbeiter.

BUNTE
Das letzte Inter-view
DEUTSCHE
MIT IKE AUF REISEN
DER PAPST IN POLEN
Adieu Romy!
Dianas Märchenhochzeit
Ende einer Weltmacht?
Hochzeit des Jahres
Sonniges Hellas
Schmidt-Story in Bildern
Ein Kerl wie Samt und Seide

1

Treffen mit einem immer überraschenden Andy Warhol in New York, St. Moritz, Offenburg und München

Über die Kunst und ihre Geschichte wurde der jüngste Burdasohn zum Bildermenschen. In den drei Jahrzehnten von 1960 bis Ende der 1980er Jahre faszinierten ihn die Schriften und Ideen der führenden Medientheoretiker, Marshall McLuhan, Vilém Flusser, Friedrich Kittler und andere. Die digitale Revolution hatte bereits begonnen, „ …und mir wurde endgültig bewusst, Zeuge eines grundlegenden Medienumbruchs zu sein, des größten seit Erfindung des Buchdrucks durch Johannes Gutenberg im fünfzehnten Jahrhundert“ (Dr. Hubert Burda, „Kunst und Medien“, 2020). Noch vor der Einführung digitaler Technologien beim Start von „Focus“ im Januar 1993 traf der Verleger die wichtigsten Köpfe von Silicon Valley. Aber das Aufregendste waren die Begegnungen mit Andy Warhol. Den Beginn setzte ein Fototermin mit dem Senator in Offenburg. Von da an trafen sich die zwei immer wieder in New York, St. Moritz und München. Während er den meisten bekannt war durch Arbeiten mit der Konserve einer Campbell's Bohnensuppe, den Porträts von Marilyn Monroe während der Dreharbeiten zu „Niagara“ und Dollarnoten, und behaftet mit dem Image einer Symbolfigur für Drogenexzesse und Exhibitionismus, zeigte er zur gleichen Zeit dem damaligen Chefredakteur der BUNTE das Projekt eines Printprodukts mit eingeklebter Bildplatte von 1967, auf dem Höhepunkt der Hippieeuphorie. Von da an haben sich Systeme digitaler Aufzeichnungen in Höchstgeschwindigkeit entwickelt. Die Präsentation der Warhol-Werke für das neue Verlagshaus fiel in eine Phase, drei Jahre und zwei Monate vor seinem Tod, als Religion ein wesentliches Thema für den Künstler war. Gemälde und Drucke, basierend auf „Das letzte Abendmahl“ von Leonardo da Vinci, waren Andy Warhols Vermächtnis.

2

1 **ANDY WARHOL UND DR. HUBERT BURDA, 1983**
Vernissage in der Arabellastraße 23. Die 25 BUNTE-Titel seines Mega-Werks für das Verlagshaus Burda hat Andy selbst ausgewählt

2 **ANDY WARHOL UMRAHMT VON GLORIA VON THURN UND TAXIS UND DR. HUBERT BURDA**
Der neue Hausherr begrüßt seine Gäste bei der Einweihung des Verlagsgebäudes im Dezember 1983

Fast wie in Offenburg – nur jetzt in München

1

Die Mineralwässer waren jetzt bayerisch. Aber der wichtigste Unterschied betraf den Chefredakteur. In Offenburg betrachteten manche ihn lange Zeit in erster Linie als Sohn des Senators. Damit war jetzt Schluss. Vier Fünftel der Redaktion und zahlreiche Mitarbeiterinnen und Mitarbeiter der Verwaltung zogen buchstäblich mit und entschieden sich mit Dr. Hubert Burda euphorisch für den Umzug. Es bedeutete zwar Herausforderungen: Schulwechsel für die Kinder, Trennung von Angehörigen, Zäsur für so manche Freundschaft und Entscheidung für eine der mit Hilfe des Verlags entdeckten Wohnungen in der Boomtown München. Ende Oktober 1983 war die erste Bilanz jedoch zum Glück ausgesprochen gut, und so konnte die Stimmung bleiben.

Burda intern

Nachrichten für die Mitarbeiter des Hauses Burda · Nr. 177/6. Oktober 1983

Im November ist es soweit:

Sechs Redaktionen unter einem Dach

Dr. Franz Burda besucht den Neubau – Die Umzugslaster rollen – Die ersten Mitarbeiter sind schon eingezogen

Durch dieses schmale Fenster muß er kommen: Millimeterarbeit leisteten die Mitarbeiter der Lektrieverfirma, die seit dem 12. September die Archiv-Jumbos aus der H.-Heinrich-Straße ins neue Gebäude verfrachtet haben.

Kurz vor Bauende: Jeden Tag wird's schöner. Auch die Kantine ist fast fertig. Die Deckenstruktur läßt sich schon erkennen, als Bauunternehmer Josef Schörghuber (rechts) und Dr. Hubert Burda Senator Dr. Franz Burda den Neubau zeigen.

Fotos: Bergmann (2)/Grabutznat

München. Dutzende von Umzugslastern mit Möbeln und Hunderten von Kisten rollen durch München. Ihr Ziel: die Arabellastraße 23, das neue Verlagszentrum der Burda GmbH in Bogenhausen. Seit dem 12. September wird umgezogen. Den Anfang machten die Jumbos aus dem Archiv: die Lektriever. Weiter im Plan: zunächst die Herzog-Heinrich-Straße, dann die Arnulfstraße. Ende Oktober kommt die BUNTE aus Offenburg. Anfang November arbeiten dann neben verschiedenen Verlags- und Verwaltungsabteilungen sechs Redaktionen unter einem neuen, gemeinsamen Dach: BUNTE, BILD+FUNK, »freundin«, „Das Haus", „Ambiente", „meine Familie & ich".

Kurz vor der Fertigstellung des Gebäudes besuchte Dr. Franz Burda das neue Verlagshaus. Dr. Hubert Burda und Bauunternehmer Josef Schörghuber, der Initiator der Arabella-Stadt in der Stadt, führten ihn durch das Gebäude.

Dr. Franz Burda, seit 60 Jahren ein erfahrener Bauherr („Jedes Richtfest, jeder Neubau ist für mich ein Symbol: Es geht aufwärts"), zeigte sich von den großzügigen Räumlichkeiten und der praktischen Konzeption des zweckmäßigen und doch schönen Verlagsgebäudes beeindruckt: „Es ist gut, daß hier sechs Redaktionen unter einem Dach arbeiten werden", sagte er zu den Münchner Chefredakteuren.

In der Medienlandschaft tut sich viel in diesem Sommer 1983. So hatte Dr. Franz Burda ausdrücklich gewünscht, am Rand und aus Anlaß der Besichtigung des Neubaus ausführliche Fachgespräche mit den Redaktionsverantwortlichen zu führen.

„Mein Sohn Hubert hat mir gerade euren Neubau gezeigt, der ist ganz großartig", eröffnete er das Gespräch. Großartig nicht nur als Bauwerk, großartig auch, weil er es möglich macht, in der sich durch die Elektronik verändernden Medienlandschaft der nächsten Jahre optimal zu agieren und zu reagieren. Herbst, dicke Hefte – und dann noch Umzug. Mit seinem Vater wünschte Dr. Hubert Burda allen Mitarbeitern, daß der Umzug ins neue Haus gut klappt, und daß sich alle dort schnell wohl fühlen.

Auf einen Blick

- Begeisterung beim BILD+FUNK-Fest auf der Funkausstellung Seite 3
- Sample-Studie: Hohes Image des Verlags bei der Bevölkerung Seite 2
- Drei Sonderhefte von »freundin« und MFI verschönern den Herbst S. 2
- Wann wird das Weihnachtsgeld gezahlt? Seite 3
- Skibörse schon im Oktober Seite 5
- Viel Sport und Personalien ab Seite 3

Fachgespräche nach dem Besuch des Neubaus: Dr. Franz Burda und Dr. Hubert Burda diskutieren mit den Chefredakteuren (v. r.): Günter van Waasen, BILD+FUNK, Elisabeth Bär, »freundin«, Hasso G. Stachow, „Ambiente" und „Das Haus", und Thomas Römer, Objektleiter »freundin«, „Ambiente".

Superfete unterm Funkturm

Hans Rosenthal: BILD+FUNK gab das „schönste Fest von Berlin"

Berlin/München. „Das ist 'ne richtige Weltstadtparty", schwärmte Berlins Kultursenator Volker Hassemer. Der Politiker gehörte zu den 550 Anzeigenkunden und Prominenten, die BILD+FUNK und Video-Report während der Funkausstellung in Berlin zu einer großen Prominenten-Party in den Berlin-Pavillon am Tiergarten eingeladen hatten.

Großer Bericht auf Seite 3

2

1 BUNTE REDAKTIONSKONFERENZ MÜNCHEN, 1983
Montag, 28. Oktober. Der Umzug am Wochenende liegt hinter ihnen. Zum ersten Mal sieht der Chefredakteur und Verleger in München in die Runde der Mitarbeiterinnen und Mitarbeiter an seinem Projekt BUNTE in München

2 HAUSINTERNE MITARBEITERZEITSCHRIFT BURDA, 1983
Der erste Bericht im Burda-internen Nachrichtenspiegel konnte nicht besser sein. In der Phase mit den größten Zeitschriftenumfängen; im Herbst füllten sich die sechs Stockwerke des Neubaus wirklich wie geplant

Literatur in Eile

„Wir sind Kreisklasse. Stern, Spiegel und Bild sind Bundesliga." Mitte der 1970er Jahre war dem Sohn des Senators klar, welche Aufgabe in Offenburg er übernahm. Ein beträchtlicher Teil der zu bewältigenden Strecke war beim Neuanfang im Oktober 1983 zurückgelegt. Die BUNTE-Redaktion der allerersten Münchner Stunde präsentierte sich bereits als gut funktionierende Gedankenschmiede und Leistungsfabrik im Patchworkmuster, badische Qualitäten, gepaart mit der Kreativität aus den Redaktionen „Stern" und „DER SPIEGEL", der Münchner „Abend-Zeitung" und von „BILD" und „Welt am Sonntag". Auf einem A4-Blatt an einer der Konferenzwände standen, von unbekannter Hand geschrieben, fünf berühmte Worte des englischen Kulturkritikers Matthew Arnold aus dem 19. Jahrhundert: „Journalismus ist Literatur in Eile."

„BUNTE steht für Pursuit of Happiness, worauf mich Bazon Brock gebracht hat, und Media is Art, die Idee Andy Warhols."

DR. HUBERT BURDA über die zwei Prinzipien seiner Version des „Iconic Turn"

OFFEN FÜR BRAINSTORMING
(v.l.n.r.) Imre Kusztrich, Inge Byhan, Bundesfinanzminister Alex Möller, Dr. Hubert Burda, Gerd Spiegel, Heinz Morstadt, Dr. Sepp Gasser

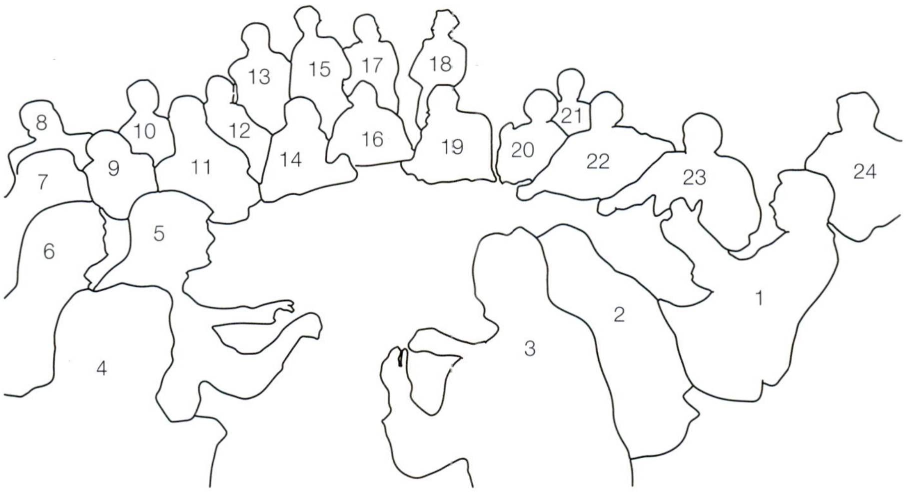

REDAKTIONSKONFERENZ
1 Dr. Hubert Burda, 2 Ingrid Roth, 3 Heinz Morstadt, 4 Lutz Bergmann, 5 Gerd Spiegel, 6 Barbara Friedrich, 7 Carl Schmidt-Polex, 8 Hans Eberwein, 9 Edgar Fuchs, 10 Helmut Sohre, 11 Günter Grössenberger, 12 Erich W. Wolf, 13 Wolfgang Uhrig, 14 Imre Kusztrich, 15 Nils Paulsen, 16 Werner Rudi, 17 Hans Recht, 18 Dr. Willy Grafschmidt, 19 Jens J. Meyer, 20 Heinz Roßkopf, 21 Hannes Obermaier, 22 Ulrich Blumenschein, 23 Will Tremper, 24 Pitt Severin

Ein überaus stolzer Vater besucht seinen jüngsten Sohn

MÜNCHEN-BESUCH, 1983
Senator Franz Burda zu Besuch in München bei seinem Sohn, Verleger Dr. Hubert Burda, in der Arabellastraße. (v.l.n.r.) Angelika Rösler, Heinz Morstadt, Dr. Hubert Burda, Norbert Sakowski, Senator Dr. Franz Burda, Lothar Strobach, Hanns-Peter Baron Thyssen-Bornemissza, Karl Heinz Hiller, Imre Kusztrich

„Wir erleben erst den Anfang der Medienrevolution. Die Führung eines Unternehmens sollte stets in Bereitschaft sein, um auch in Zukunft das Kommen neuer Formen nicht zu verpassen."

DR. HUBERT BURDA über die großen Transformationen unserer Zeit

Niemand missdeutete den Stock in der Linken des Senators als Symbol von Altersschwäche, als Dr. Franz Burda noch vor Ende des ersten Betriebsjahrs in der Arabellastraße erschien. In den verbleibenden drei Jahren bis zu seinem Tod war jeder seiner Besuche für ihn sowohl eine Begegnung mit Vergangenem, wenn er in der Arabellastraße auf Mitarbeiterinnen und Mitarbeiter aus vergangenen Jahren traf, als auch ein Blick in die Zukunft seines Lebenswerks, jetzt repräsentiert durch seinen Sohn Hubert.

REDAKTIONSKONFERENZ
1 Senator Dr. Franz Burda
2 Dr. Hubert Burda
3 Karl Heinz Hiller
4 Edith Viertel
5 Rainer Stiller
6 Hans-Hermann Tiedje
7 Wolfgang Fetzer
8 Norbert Sakowski
9 Hanns-Peter Baron Thyssen-Bornemissza
10 Heinz Morstadt

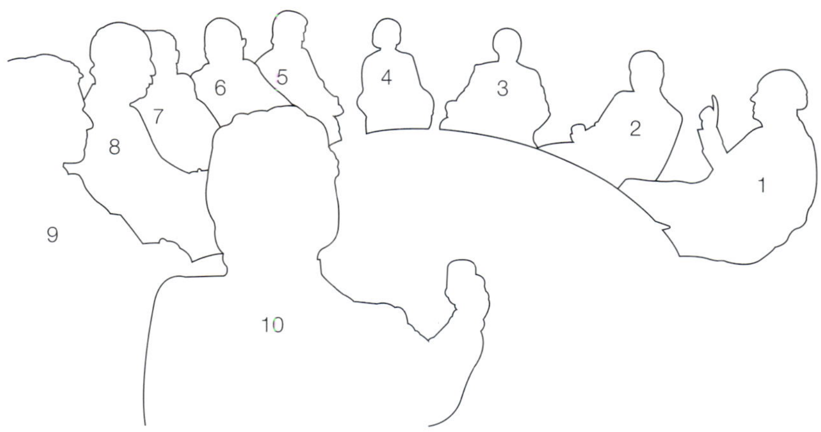

Von der Ruinenstadt zum Millionendorf: Münchens gelungener Wiederaufbau nach dem Krieg

Wenn Hubert Burda in jungen Jahren von Offenburg nach München reiste, wunderte er sich über das Tempo, in dem die Isarstadt seine vom Bombenkrieg zerstörten oder demolierten Repräsentativbauten wiederherstellte. Das Siegestor, das die Flaniermeilen Ludwigstraße und Leopoldstraße trennt, 1850 erbaut, von Luftangriffen schwer getroffen, wurde 1958 restauriert, jedoch so, dass die Beschädigungen aus der Kriegszeit sichtbar blieben. Auch die Alte Pinakothek wurde zwischen 1952 bis 1957 so wiederaufgebaut, dass man die Schäden der Bombentreffer an der Fassade des Museums erkennen konnte. Man verzichtete auf die vollständige Wiederherstellung des Vorkriegszustandes, das Gedenken an den Horror des Luftkriegs sollte wachgehalten bleiben.

Das italienisch anmutende Ensemble der Ludwigstraße vom Siegestor bis zur Feldherrnhalle, von König Ludwig I. angeregt und von den Architekten Leo von Klenze und Friedrich von Gärtner in der ersten Hälfte des 19. Jahrhunderts erbaut, mit den imposanten Bauten der Universität, der Staatsbibliothek und nicht zuletzt der wieder langsam renovierten Residenz, hatte es Hubert Burda seit Beginn seiner München-Aufenthalte angetan. An der Kante zu München-Schwabing, in der Schackstraße – im Schatten des Siegestors – sollte einmal sein Lebensmittelpunkt sein. Das München der Nachkriegszeit profitierte von der Attraktivität der amerikanischen Besatzungszone, die Großunternehmen wie Siemens oder Allianz, aber auch Kleinbetriebe wie Keller/Kalmbach anlockte. Keine Stadt in der Bundesrepublik erlebte einen so kräftigen Zuzug. Am 15. Dezember 1957 erklärte sich die einst so gemütliche Hauptstadt Oberbayerns zur „Millionenstadt" (1945 bei Kriegsende lebten etwa 400 000 Einwohner in München). Dörfliche und kleinstädtische Milieus verbanden sich jäh zur Großstadtkommunität. Die Kombination von Gefühlsseligkeit und Weltläufigkeit, Hofbräuhaus und Deutschem Museum fand in den 800-Jahr-Feier der Stadt im Jahr 1958 ihren Höhepunkt: München, die Modellstadt des deutschen Wirtschaftswunders!

Die Ludwig-Maximilians-Universität und die Technische Universität zogen Studenten aus allen Teilen der Bundesrepublik an. Hubert Burda, von seinen kunstsinnigen Eltern schon in frühen Jahren zur Malerei angeregt, schrieb sich nach seinem Abitur in Offenburg im Sommersemester 1959 an der LMU ein. Sein enger Offenburger Freund Peter Kammerer, der schon früher nach München gezogen war, hatte es für spießig gehalten, wie die meisten Offenburger Abiturienten nach Freiburg zu gehen. Er hatte sich in München schnell einen Freundeskreis aufgebaut, in den der südbadische Verlegersohn neugierig aufgenommen wurde. Für ihn selbst begann eine Studienzeit, die neben dem Eintauchen in die Kunstgeschichte viele Ausflüge ins Oberland gestattete, im Winter zum Skilaufen in den Alpen, im Sommer an die oberbayrischen Seen, vor allem an den Tegernsee.

BURDA München Projekt 2

1950

Ein Herz für München

1

2

München in Trümmern

Von der Hauptstadt der NS-Bewegung hatte der Luftkrieg der Jahre 1942 bis 1945 nur noch ein Ruinenchaos hinterlassen, vor allem die Altstadt war nicht mehr wiederzuerkennen. Der Schriftsteller Wilhelm Hausenstein notierte Ende 1944: „Der Zustand der Stadt ist so grauenhaft, dass sich das Einzelne nicht mehr aussagen lässt, der Versuch verbietet sich von selbst." Münchens Einwohnerzahl sank von rund 820 000 bei Kriegsausbruch auf 40 000 im letzten Kriegsjahr. Als US-Bodentruppen Ende April 1945 die Stadt eroberten, waren sie längst sehnsüchtig erwartet worden.

3

1 **DAS MÜNCHNER SIEGESTOR**
Das stolze Siegestor, zwischen 1843 und 1850 nach Plänen von Friedrich von Gärtner errichtet, wurde schwer getroffen: ein Symbol der Niederlage

2 **DER MARIENPLATZ BEI KRIEGSENDE**
Das Münchner Rathaus war wie durch ein Wunder nicht von Bomben zerstört worden.1905 im neugotischen Stil erbaut, symbolisierte es – umgeben von Ruinen – den Neuanfang

3 **DIE ENERGIE DES WIEDERAUFBAUS**
Man nannte sie „Trümmerfrauen". In der Tat war es dem Einsatz der weiblichen Bevölkerung zu danken, dass – nicht nur in München – der Schutt weggeräumt und die Bausteine aufgelesen wurden.

Jugend in Offenburg mit Blick nach München

Hubert Burda verbrachte seine Jugend und Schulzeit in Offenburg. Die Prägung durch das Elternhaus führte aber sehr früh zur Verbindung nach München – jener Stadt, in der er seit 1959 mit Beginn seines Kunstgeschichtsstudiums lebte. Schon als Schüler hatte er seinen Vater Franz Burda zu Akquisitionen von Anzeigen in die bayrische Hauptstadt begleitet.

Dort begegneten ihm auch ganz andere intellektuelle Herausforderungen als in der beschaulichen badischen Heimat. Freunde aus dem Offenburger Philosophenclub, Peter Kammerer und Günter Morstadt, traf er zum Studium in München wieder. Und die Familiengeschichte der Burdas war seit vielen Jahren auch fest in der bayrischen Metropole verankert. Wenn man so will, lässt sich München als bedeutender Studienort schon für Vater Franz Burda in den 1920er Jahren festmachen.

München spielte auch in den Expansionsplänen von Franz Burda eine große Rolle. 1960 kaufte er – zwölf Jahre nach der Gründung der Illustrierten „Das Ufer", die dann in „Bunte Illustrierte" umbenannt wurde, die „Münchner Illustrierte" hinzu, die damals immerhin eine Auflage von 500 000 Exemplaren hatte. Die BUNTE sollte auch Hubert Burdas journalistisches Gesellenstück werden: 1974 trat er in die Redaktion ein, übernahm zwei Jahre später die Chefredaktion – und vollzog 1983 den Wechsel von Offenburg nach München. Die Stadt bildete fortan seinen Lebensmittelpunkt.

1

2

1 **TITELSEITE BUNTE, 1958**
Als die BUNTE noch „Bunte Illustrierte" hieß und 50 Pfennig kostete, war ihr München schon ein Titelblatt wert – zum Auftakt der 800-Jahr-Feier der Stadt.

2 **FUNKTAXI IN MÜNCHEN**
Geradezu britische Eleganz im Schatten der Frauenkirche mit Chauffeur in Livree auf dem neuesten Medienstand

JUGENDPORTRAIT VON HUBERT BURDA, 1960
Energischer Blick, leicht gerunzelte Stirn: der spätere Verleger zu Beginn seiner Studienzeit

„Meinem Vater verdanke ich den Humor, die Phantasie und das Erzähltalent. Wer mit einem Unternehmer aufwächst, verinnerlicht sehr früh, dass Dinge am Ende des Tages realisiert sein müssen. Diese ‚Do it'-Motivation gab mir mein Vater mit. Trotzdem war mir immer klar, dass ich aus seiner Hinterlassenschaft etwas vollkommen anderes, etwas Neues aufbauen werde."

DR. HUBERT BURDA über sein väterliches Erbe

Gipfelsturm am Schicksalsberg der Deutschen: Hermann Buhl als Jugendheld und Inspiration

1

1 **DEUTSCHE HIMALAYA-EXPEDITION, 1934**
Acht Sherpas, vier Deutsche ließen ihr Leben … Der Nanga Parbat wurde zum „Schicksalsberg der Deutschen“

2 **GOLDMEDAILLE FÜR HERMANN BUHL, 1953**
Mit 28 Jahren gelang Hermann Buhl (links) die Erstbesteigung des Nanga Parbat. Der Governor-General von Pakistan, Sir Ghulam Muhammad, gratulierte ihm offiziell

3/4 **DOKUMENTARFILM „NANGA PARBAT“**
Allein brach Hermann Buhl gegen 2:30 Uhr am Morgen des 3. Juli 1953 zum 8.125 Meter hohen Gipfel auf. Vor ihm hatten in 56 Jahren 31 Bergsteiger beim Sturm auf den „Killer Mountain“ ihr Leben gelassen. Gegen 19 Uhr schaffte der Tiroler mit letzter Kraft den Aufstieg zum Gipfel, ohne Sauerstoff, vitalisiert von einem Psychostimulans. Die Nacht überlebte er ohne Biwak. Extrem erschöpft und völlig dehydriert, erreichte er vor 20 Uhr das Lager in 6.900 Meter Höhe. Eine wahre Pioniertat. Erst zwei Menschen bestiegen zwei Achttausender, Buhl und der Kärntner Kurt Diemberger

2

3

Achtmal organisierte der Schweinfurter Arzt Dr. Karl Maria Herrligkoffer einen Gipfelsturm auf den Nanga Parbat, wo ein Halbbruder ums Leben gekommen war. Im Frühjahr 1970 folgte Dr. Franz Burda einer Himalajasehnsucht, stieß in Rawalpindi zur Expedition und traf erstmals auf Reinhold Messner. Dr. Herrligkoffer drückte er einen Blankoscheck in die Hand, denn das Budget reichte nicht.

Reinhold Messner besuchte den Senator und die BUNTE häufig. Die BUNTE verewigte viele seiner Extremleistungen in mitreißenden Reportagen. Den Gipfel verglich der Extrembergsteiger mit einem Punkt, wo alle Linien zusammenlaufen. Später verkörperte auch Dr. Hubert Burda selbst das Visionäre im Streben nach einem Ziel im vom Südtiroler angeführten Kreis der Similauner, einmal im Jahr hinauf auf 3.000 Meter Höhe.

4

Das „Wunder von Bern"

Der 14 Jahre alte „Sportsfreund" Hubert Burda, allerdings mehr dem Skifahren, Boxen oder Tennis zugetan, erlebte an der Seite seines Vaters die Fußballweltmeisterschaft in der Schweiz. Franz Burda fuhr selbst zum Halbfinalspiel gegen Österreich nach Basel. Beide kamen aber nicht mehr rechtzeitig ins Stadion und mussten die Partie am Fernseher erleben. Beim Endspiel in Bern aber klappte es. Franz und Hubert Burda sahen das sensationelle 3:2 über Ungarn, das zum Symbol für das Wirtschaftswunder im vom Krieg geplagten Deutschland wurde, live im verregneten Wankdorf-Stadion. Und zehn Wochen später hieß es auch: „Tor!!! 1:0 für Burda", als auf der Frankfurter Buchmesse das Buch zur Weltmeisterschaft vorgestellt wurde – aus dem Hause Burda!

1

2

3

4

1 DIE MANNSCHAFT BEIM WM-FINALE IN BERN, 1954
(v.l.) Kapitän Fritz Walter, Torwart Toni Turek, Horst Eckel, Helmut Rahn, Ottmar Walter, Werner Liebrich, Josef Posipal, Hans Schäfer, Werner Kohlmeyer, Karl Mai und Max Morlock

2 TOR MAX MORLOCK, 1954
Anschlusstor zum 1:2: Max Morlock spitzelt den Ball an Ungarns Torwart Gyula Grosics vorbei ins rechte untere Eck

3 TOR HELMUT RAHN, 1954
Die Entscheidung – sie kreierte auch die berühmten Sätze des Radio-Reporters Herbert Zimmermann: „Aus der Tiefe des Raumes kommt Rahn, Rahn könnte schießen; Rahn schießt – Toor! 3:2 für Deutschland!"

4 DEUTSCHLAND IST FUSSBALLWELTMEISTER, 1954
Fassungslos vor Freude kehrt Fritz Walter nach Überreichung des Coupe Jules Rimet zu seinen Mannschaftskameraden zurück, (v.l.) Karl Mai und Max Morlock, zudem Schiedsrichter William Ling, England, sowie die Linienrichter Benjamin Griffith, Wales, und Vincenzo Orlandini, Italien

5

6

„Und dann das Endspiel in Bern, da bin ich auch mit hingefahren. Und da ist auch totale Identität zwischen dem Vater und mir. Was überhaupt – hier in Offenburg gilt. In München, denke ich, nicht. Die Dinge in München habe ich schon selber gemacht."

Quelle: PMP, S. 153

5 **MÜNCHEN EMPFÄNGT WM-ELF, 1954**
Einem wahren Triumphzug gleicht die Fahrt der deutschen WM-Elf, als sie nach ihrem Sieg bei der Fußball-Weltmeisterschaft am 05.07.1954 aus Bern zurückkehrt und im Autokorso durch die von Menschentrauben gesäumten Straßen Münchens fährt. Vorn links Mannschaftskapitän Fritz Walter, neben ihm Hans Huber, der Vizepräsident des Deutschen Fußballbundes, und rechts Bundestrainer Sepp Herberger

6 **FUSSBALLWELTMEISTERSCHAFT 1954**
Im Zeitalter der digitalen Medien von beinahe nostalgischem Charme: Der Wettlauf um die Gunst der Konsumenten fand damals in den Printmedien statt: Wer bringt das erste Buch über die WM heraus? Und Verleger Franz Burda war mit Sonderdrucken immer einer der schnellsten

„Mit der Heimat im Herzen hinaus in die Welt“– Reisen als selbstverständliche Leidenschaft

1

Dass Hubert Burda sein Leben lang leidenschaftlich verreist ist, bedarf kaum einer Bekräftigung. Schon sein Vater schickte den 16-Jährigen samt Chauffeur und dem Maler Werner Kunkel als Begleitung zur Bildungsreise nach Italien. Dabei sollte es nicht bleiben – und auch die Verkehrsmittel wechselten.

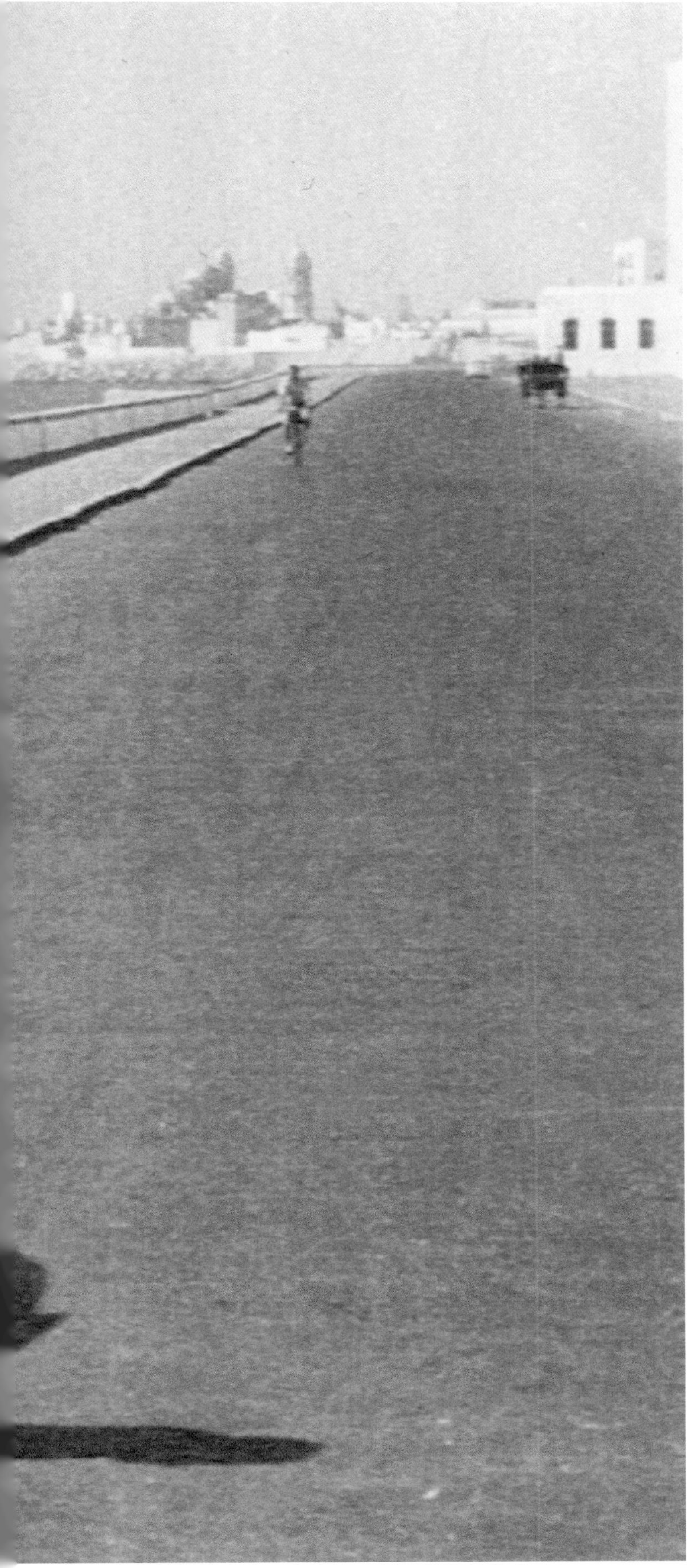

2

3

1 **AB IN DEN SÜDEN**
Der Süden, und hier besonders Italien als Wunschziel, lag gewissermaßen in den Genen der Familie Burda. Auch Hubert Burda kennt das Land und spricht die Sprache – und fuhr einst auch einen Alfa Romeo

2 **MOBILE ZEITEN**
Im Nachkriegsdeutschland erwachte auch die Lust an der Ortsveränderung – und damit der Straßenverkehr, egal ob per Auto oder im öffentlichen Nahverkehr. Beliebter Anblick: der „Schupo", der den Verkehr regelte, hier am Karlsplatz in München

3 **CHAOS AM MARIENPLATZ**
Wie viele Großstädte drohte auch das München der 1960er-Jahre im Verkehr zu ersticken. Mehrere Reihen von Autos, dazwischen Radfahrer, wo bleibt der Fußgänger?

Gesellschaft in bunten Bildern – wer das Leben zeigen will, muss auch feiern können

burda-Fasching zu Gast in münchen

Unter dem Protektorat des Burda-Verlages veranstaltete der Verband Münchner Zeitschrifteneinzelhändler am 25. Januar seinen traditionellen Faschingsball. Personalchef Neuschütz wurde von uns zum Faschingsprinzen auserwählt, und der Verband hatte ein hübsches Münchner Kindl zur Prinzessin gekürt. Hoch schlugen die Wogen der Begeisterung, als das Prinzenpaar mit seinem närrischen Gefolge in den Hackerbräukeller einzog, um das Narrenzepter für diesen Abend zu übernehmen. Im Namen des Chefs begrüßte unser Vertriebsleiter, Herr Schröder, die Gäste. Er freute sich, daß so viele Fachkollegen der Einladung des Verbandes und unseres Verlages gefolgt seien. Prinz Kurt meinte in seiner Begrüßungsansprache, daß „Alemannen und Bavaria sich im Fasching gerne nah" seien,

Oben: Vorsitzender Wiegand bei der Begrüßung, das Prinzenpaar beim Einzug und Solotanz der Garmischer • Prinz Kurt verlieh an verdiente Mitglieder des Zeitschriftenhändler-Verbandes den Narrenorden (rechts) • Der Hofstaat und die Mitwirkenden hatten bei ihren Darbietungen viel Beifall einheimsen können

und verlieh zusammen mit Prinzessin Jutta an verdiente Verbandsmitglieder den großen Faschings-Sonderorden. Die dazu gesungenen „Gstanzln" wurden immer wieder von den begeistert mitgehenden Zuhörern gefeiert. Unsere Münchner Geschäftsstelle hatte eine vorzügliche Organisationsarbeit geleistet, und so konnte man nur noch geladene Gäste in den Saal einlassen. Die „Nachtigallen und Schrammeln" hatten mit neuen Liedern die Gunst ihrer närrischen Zuhörer schnell gewonnen und zeigten sich als charmante Vertreter des Offenburger Burda-Faschings. Alle Narren im Saal waren sich am frühen Morgen darüber einig: Eine „zünftige" Veranstaltung und ein einmaliges Prinzenpaar! h. c. g.

Prinzessin Jutta verlieh auf charmante Art im Auftrag des Verbandes „ihrem Prinzen auf Zeit", Kurt, den großen Verbands-Narrenorden (rechts) • Die „Burda-Nachtigallen", begleitet von den Burda-Schrammeln, fanden wieder einmal mehr den begeisterten Beifall ihrer diesmal närrischen Zuhörer. Immer wieder mußten sie bestätigen, daß sie tatsächlich Belegschaftsmitglieder des Hauses Burda sind und ihre Musik nur als Hobby pflegen

Begeistert wurde das Prinzenpaar empfangen, als es mit seinem Gefolge in den Hackerbräusaal einzog, um die närrische Herrschaft für eine lange Nacht zu übernehmen ...

1

Das Erzählen von Geschichten lag der Familie Burda im Blut. „Er konnte in drei Minuten einen Saal zum Kochen bringen", berichtete Jugendfreund Günter Morstadt über den Schüler Hubert Burda. Das klingt schon fast wie eine Definition des Begriffs „Illustrierte", der Lebensinhalt von Generationen der Familie Burda. In bunten Bildern von der Welt erzählen. Der erste „Coup" in diesem Metier gelang Franz Burda 1953, als er einen Kredit aufnahm, um die Bildrechte an der Krönung Elizabeth II. zu erlangen – gegen den Willen seiner Familie – und wenig später ein Sonderheft über das Ereignis herausgab, das dem Verlag aus den Händen gerissen wurde. Zutaten dieses von Burda vielfach geübten Rezeptes sind: das Erkennen des öffentlichen Interesses an einem Ereignis, schnelles Handeln, hohe Druckqualität, ein gut funktionierender Vertrieb. Wer berichten will, muss auch selbst feiern können. Legendär sind die Feste im Hause Burda.

1 **BURDA-FASCHING ZU GAST IN MÜNCHEN, 1959**
Unter dem Protektorat des Burda-Verlages veranstaltete der Verband Münchner Zeitschrifteneinzelhändler am 25. Januar seinen traditionellen Faschingsball. Personalchef Neuschütz wurde zum Faschingsprinzen auserwählt, und der Verband hatte ein hübsches Münchner Kindl zur Prinzessin gekürt

2 **BUNTE ILLUSTRIERTE UND MÜNCHNER ILLUSTRIERTE VEREINT**
Schon damals eine Qualität der Burda-Presse: große Farbberichte aus der weiten Welt und Königshäuser und ihre Skandale

NR. 40. OFFENBURG, 1. OKTOBER 1960. 3 Z 2013 C. 50 PFENNIG

BUNTE ILLUSTRIERTE

Münchner ILLUSTRIERTE

Zu Gast bei einem hundertfachen Vater: König Saud. Wir entsandten zwei Reporter zum letzten Märchenfürsten der Welt.
Ein 10-Seiten-Farbbericht

•

GIFTMORD-ANSCHLAG AUF FARAH

Tödliches Spiel am Pfauenthron. Die persische Kaiserin schwebt in Lebensgefahr. Lesen Sie den Bericht über Prinzessin Ashraf:
Die heimliche Kaiserin

Jetzt 3 Romane: Von Kindern reden wir später • Der Fälscher • Die Falle

2

„Gaudeamus igitur" – das Leben als Student zwischen Wissenschaft und Bohème

1

2

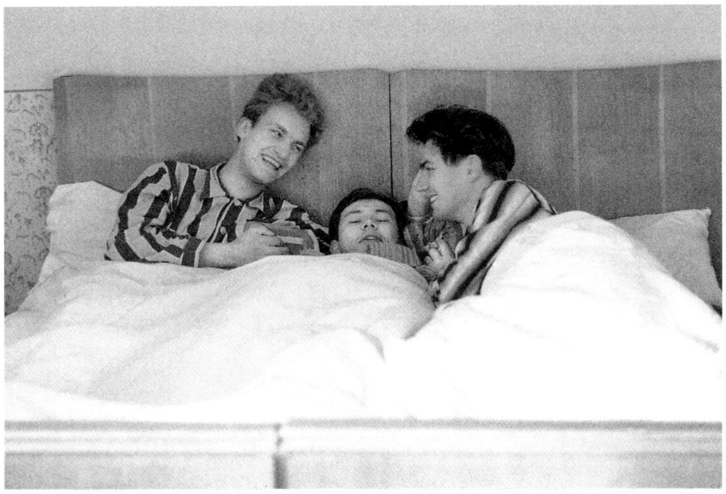

3

4

1 **DER ERNST DES LEBENS**
„Mit Fleiß studieren" – in der ernsten Pose des jungen Wissenschaftlers versammelt sich Hubert Burda am kargen Studiertisch, dessen Schmuck die vielen Bücher sind

2 **DOLCE VITA IN FLORENZ**
Hubert Burda (rechts) und Reinhardt Brandt beim Frühstück in Fiesole

3 **GAUDEAMUS IGITUR**
Hubert Burda (Mitte) zwischen zwei Kommilitonen in Wohlfühlpose: Entspannung nach anstrengenden Lernprozessen …

4 **DAS APPARTEMENT**
Seiner privilegierten Situation war sich Hubert Burda durchaus bewusst: Seine „Bude" in der Schackstraße in Schwabing war ein Appartement mit Kochnische

5 **GUTE FREUNDE – GUTE SITTEN**
Selbstbewusst und seriös zeigten sich die jungen Studenten Kammerer, Haenlein und Burda in ihrem Münchner Viertel. Ein schönes Beispiel für die Dresscodes der damaligen akademischen Jugend

6 **SPORT UND FREIZEIT**
Junge Athleten am Skihang: Peter Kammerer (links) in ungewohnt sportlicher Pose zusammen mit seinem Freund Hubert Burda

7 **DER JUNGE TROMPETER**
Hubert Burda spielte das traditionelle Blasinstrument seiner Heimat mit großer Hingabe an die Giganten des Jazz

Im Frühsommer 1959, direkt nach seinem Abitur am Schiller-Gymnasium in Offenburg, machte sich der 19-jährige Hubert Burda auf nach München, in jene Stadt, wo einst auch sein Vater studiert hatte. Um bei dem berühmten Kunsthistoriker Hans Sedlmayr Kunstgeschichte studieren zu können, musste der Aspirant zunächst eine Vorprüfung absolvieren. Er bestand sie.

„In München spielte Schwabing schon eine Rolle. Es war undenkbar, Bogenhausen, wo ich jetzt wohne, dass wir da einen Fuß hingesetzt hätten, das war die Villengegend, Grünwald, sondern man wohnte, wo eben Kandinsky und Klee gelebt hatten. Das war ja als Struktur in der Stadt vorhanden, das ist schon ein Unterschied zu Stuttgart oder zu jeder anderen Stadt. Da gab es noch die Künstlerfeste. Aber die Bohème war schon ein bisschen in die Jahre gekommen."

HUBERT BURDA
über bevorzugte Viertel in München

5

6

7

Jazz, Radio AFN Munich & die Kunst des Improvisierens

DAS DOMICILE IN DER SIEGESSTRASSE
war der bekannteste Jazz-Club Münchens. Weltstars des Jazz waren zu Gast, u.a. wie hier Benny Bailey mit seiner Band

Mit den Besatzungstruppen der US-Army kam auch der Militärsender AFN nach München. Aus dem Studio in der Kaulbach-Villa in der Nähe des Englischen Gartens sendete er fortan seine swingenden Beats nicht nur in die Kasernen, sondern auch in die Haushalte Bayerns und darüber hinaus. Es dauerte nicht lange und Clubs wie Freddie Brocksiepers Studio 15 in der Leopoldstraße schossen aus dem Boden und katapultierten die bayerische Hauptstadt zu einer Jazz-Hochburg in Deutschland. Nach ihren Konzerten im Kongresssaal des Deutschen Museums jammten von nun an Stan Getz, Nat Adderley, Chet Baker und Art Blakey noch in Schwabings Kellern bis tief in die Nacht.

DIE KAULBACH-VILLA
Sitz des Militärsenders AFN Munich in der Kaulbachstraße 15. Von hier aus sendeten Radio-DJs swingenden Jazz über die Grenzen Bayerns hinaus

„Ich bin froh, dass man mich früh an die Musik heranführte. Es gibt keinen Tag, den ich nicht mit Musik beginne."
HUBERT BURDA

Am 20. Oktober 1957 besucht auch der junge Trompetenschüler Hubert Burda sein erstes großes Jazz-Konzert in Donaueschingen. Ausgerechnet der Auftritt des Modern Jazz Quartetts sollte eines der legendärsten Konzerte der Jazzgeschichte überhaupt werden – die Kunst der Improvisation in Vollendung! Infiziert durch dieses Erlebnis reist er ein Jahr später – gerade mal 18 Jahre alt – nach Paris, um den Louis-Malle-Film „Fahrstuhl zum Schafott" im Original zu sehen, aber vor allem den Sound von Miles Davis' eindringlicher Filmmusik zu erleben. Intuitiv wird Miles Davis zum großen Vorbild des jungen Trompeters. Erstaunlich, wenn man bedenkt, dass sich im Laufe der nächsten Jahrzehnte durchaus Parallelen erkennen lassen: Beide mussten sich mehrfach neu erfinden und sich trotz immenser Widerstände gleichermaßen Hoch- und Trivialkultur zu eigen machen. Die Musik sollte – neben der bildenden Kunst – immer allgegenwärtig sein. In puncto „Kreativität" wird Hubert Burda als Verleger später zu seinen Führungskräften einmal sagen: „Wenn Sie nicht musikalisch sind, wird´s schwer bei uns!"

JAPAN-PRESSUNG AUF VINYL
das Modern Jazz Quartett 1957 in Donaueschingen. Eines der legendärsten Konzerte der Jazz-Geschichte. Hubert Burda erlebte es mit 17 Jahren

LOUIS-MALLE-FILM „FAHRSTUHL ZUM SCHAFOTT"
Die geniale Filmmusik von Miles Davis wurde in nur einer Nachtsession live eingespielt

DAS BUCH „JAZZ LIFE" VON JOACHIM E. BERENDT
sollte zur Bibel der Jazzgemeinde werden. Die Erstauflage, erschienen im Burda Verlag Offenburg, erzielt heute im Antiquariat Höchstpreise. Selbstverständlich darin enthalten: ein Kapitel über Miles Davis!

ELVIS IM FILM G.I. BLUES, 1960
Superstar Elvis Presley machte auch in Filmen Musik, hier flankiert von den US-Schauspielern Robert Ives (links) und James Douglas (rechts)

ELVIS GIBT AUTOGRAMME, 1959
Während seines Aufenthalts als Mitglied der US-Armee im hessischen Bad Nauheim machte Elvis Presley zweimal einen mehrtägigen Abstecher nach München. Im März 1959 wurde er beim Autogrammegeben nahe der Maximilianstraße gesehen

KOSTÜMFEST, 1960
Zu den Vorlieben der jungen Kunstgeschichts-Studenten zählten Kostümfeste im Englischen Garten. Hubert Burda (rechts) trat als der Dichter Rimbaud auf

„Und jetzt beginnt eine große Diskussion um die Musik. Für mich war nur die ernsthafteste Musik denkbar. Ich hörte keine Schlager, das kam erst mit den Beatles. Ich hörte Anton von Webern – eine Kassette mit den schwierigsten Streichquartetten. Das war genau das Richtige für mich."

HUBERT BURDA über seine Erfahrungen mit der Musik

Die Kunstwissenschaft des Hans Sedlmayr, die Schwabinger Kulturrevolution und Hubert Burdas Start ins Berufs- und Eheleben

Die Wahl des jungen energischen Oberbürgermeisters Hans-Jochen Vogel im Jahr 1960 führte städtebaulich wie verkehrsmäßig zu einem kräftigen Modernisierungsschub der Landeshauptstadt. Neue Stadtviertel (Neuperlach, Milbertshofen) entstanden, das Straßennetz wurde „autogerecht" ausgedehnt und der Bau der U-Bahn in Angriff genommen. Im Jahr 1966 gewann München die Bewerbung für die Olympischen Spiele 1972. Der rapide Anstieg des Tourismus und die Eröffnung der Nationaloper signalisierten den Aufbruch der Stadt zu internationaler Bedeutung und kultureller Attraktivität.

Hubert Burdas Studium der Kunstgeschichte wurde von Professor Hans Sedlmayr bestimmt, der seit 1951 in München lehrte und durch das Buch „Der Verlust der Mitte" (1948) zum renommierten Kritiker der „Gegenwartskunst" aufgestiegen war. Bei ihm lernte er die Methode des „mehrfachen Bildsinns" kennen, ein Deutungsverfahren, das die Bedeutungsebenen eines Kunstwerks, die sozialen, politischen und kulturellen Voraussetzungen seiner Zeit unterscheidet. Eine Kunstreise nach Burgund mit Professor Sedlmayr und seinem Seminar regte den Kunststudenten derart an, dass er beschloss, eine Dissertation bei ihm zu versuchen. Zwischen 1962 und 1965 entstand eine grundlegende Arbeit über den französischen Ruinenmaler Hubert Robert (1733 – 1808), mit der Hubert Burda 1965 promoviert wurde und die 1967 im Fink-Verlag erschien. Roberts Hauptthema waren die antiken Ruinen der Stadt Rom, Zeugen einer grandiosen, aber verfallenen Welt. Zwei mehrwöchige Aufenthalte in der Tiberstadt verwandelten den Robert-Spezialisten in einen lebenslangen Rom-Liebhaber.

Im Jahr 1962 lernte Hubert Burda die Studentin Christa Maar aus Frankfurt kennen, die bei der Abfassung der Dissertation als kritisch hinterfragende Gesprächspartnerin ihm wertvolle Anregungen geben konnte. Ihre strahlende Erscheinung erhöhte sein Ansehen im Freundeskreis.

In der Studentenzeit spielte, neben Christa Maar und Urfreund Peter Kammerer, Florian Furtwängler, Neffe des Dirigenten Wilhelm Furtwängler, die große Rolle: Ein vielbegabter junger Mann, der dem linken Zeitgeist huldigte, der bildungsbürgerlichen Tradition seiner Familie aber treu blieb. Er schwärmte für Marx und Pasolini wie für Beethoven oder Dürer. Durch ihn lernte Hubert Burda den Tegernsee lieben, das Domizil der Familie Furtwängler in Bad Wiessee.

Die Schwabinger Krawalle, die APO-Protestmärsche, überhaupt die kulturellen Revolutionen der 60er Jahre, Beatles, Andy Warhol, erlebte Hubert Burda als wacher Beobachter, nur dafür einspannen ließ er sich nicht. Vielmehr übernahm er 1966 die Position des Verlagsleiters von Bild+Funk, etablierte den 29-jährigen Helmut Markwort zum Chefredakteur und heiratete 1967 Christa Maar. Sohn Felix kam auf die Welt. Und die junge Familie zog in eine Wohnung in der Schackstraße mit Blick auf das Siegestor und einer stolzen Esche im Vorgarten.

BURDA München Projekt 3

1960

Die wilden 60er Jahre

Die „Schwabinger Krawalle“: Auslöser der Studentenrevolte oder nur ein Missverständnis?

1

2

3

1 **DIE MÜNCHNER MAXIMILIANS-UNIVERSITÄT**
Lebensmittelpunkt für sechs wichtige Jahre. Doch hinter der sonnigen Postkartenidylle verbarg sich auch manches schwere akademische Schicksal

2 **TONI NETZLE IN IHREM LOKAL „ALTER SIMPL“ HINTER DEM TRESEN**
Sie war ein Schwabinger Original, seit sie 1960 den „Simpl“ in der Türkenstraße eröffnete und 32 Jahre bewirtschaftete. Prominente aus der ganzen Welt versammelten sich vor dem Tresen Tonis, die eigentlich Schauspielerin werden wollte. Toni Netzle starb 2021 im Alter von 91 Jahren

3 **DER TON MACHT DIE MUSIK**
Dem guten Bürger ein Ärgernis waren die eigentlich harmlosen jugendlichen Musikanten von Schwabing. Doch ein solches Konzert war Auslöser für die schweren „Krawalle“ im Juni 1962

Schwabing – das war mehr als nur die Bezeichnung eines Münchner Stadtteils: der Ausdruck eines Lebensgefühls. Alternativ, aber eher Bohème als politische Agitation. Doch nicht zuletzt die harte Reaktion der Polizei löste 1962 die „Schwabinger Krawalle" aus, die von vielen als Vorboten der Außerparlamentarischen Opposition gedeutet wurden.

Pioniere der Beatkultur: melodisch oder aggressiv

Hubert Burda wurde genau in die Pionierzeit der Beatmusik hineingeboren: Als er 1959 sein Abitur in Offenburg machte, warteten die Beatles noch auf ihre ersten Auftritte in Liverpool. John Lennon wurde im gleichen Jahr geboren wie er, Mick Jagger drei Jahre später. Doch die musikalische Erziehung des jüngsten Sohnes von Aenne und Franz Burda verlief in anderen Bahnen. Zu Hause hörte man Klassik, der Schüler Hubert liebte die Jazzmusik. Während Vater Franz Burda Klavier spielte, zog Hubert die Trompete vor.

In der Pionierzeit der Beatmusik – so wurde die Popmusik in den 1960er-Jahren noch genannt – ging es weniger um musikalische Rivalitäten als um lokale Konkurrenzen: Liverpool (Mersey-Sound, Beatles) gegen London (Rolling Stones, Kinks und andere) – und vor allem um Weltanschauung. Die Beatles, anfangs noch im Look der Skiffel-Groups, ließen sich plötzlich die Haare wachsen und schockten das Establishment mit ihren „Pilzköpfen". Aber sie traten noch in bürgerlichen Herrenanzügen auf die Bühne, ganz im Gegensatz zu den Stones mit wilderer Haartracht und freizügigerer Kleidung.

Musikalisch fühlte sich Hubert Burda den Beatles näher als den Stones. Er verpasste zwar 1966 das Live-Konzert der Band im Circus-Krone-Bau (es dauerte auch nur 30 Minuten), sah sie aber im gleichen Jahr im Shea-Stadium von New York. Doch mehr als die rein musikalische Seite interessierte den jungen Hubert Burda die gesellschaftliche Aussage der Pop-Lyrik.

THE BEATLES, 60ER-JAHRE
Auf dem Höhepunkt ihrer Live-Karriere lösten die „Fab Four" Kreischorgien aus

HUBERT BURDA
Der junge Student liebte den lyrischen Protest der Beat-Generation

„Wenn's dann rumpelte, sei es durch den Vater, sei es durch die Brüder, dann hatte ich dieses Lied von Simon and Garfunkel, „I have my books, I have my poetry to protect me. I am a rock, I am an Island". Das war meine Hymne. Das oder Bob Dylan, „Like a Rolling Stone". Aber so viel konnte ich damit zunächst gar nicht anfangen, weil meine Welt war „A Hard Day's Night" und eben all die ersten Beatles-Songs."

HUBERT BURDA über seinen Musikgeschmack in der Pionierzeit der Beatmusik

ROLLING STONES, 60ER-JAHRE
Die Erstbesetzung der Band, noch mit Brian Jones (links) und Bassist Bill Wyman (rechts)

1

„Meine Doktorarbeit war natürlich genau die Erfüllung dieser Antikensehnsucht. Curtius mit seinem Buch ‚Deutsche und antike Welt' hat genau dieses beschrieben – und da kommt natürlich der Rubens mit hinein, der hier in Rom und in Oberitalien die grandiosesten Werke geschaffen hat. Das war der Kontext von Curtius."

DR. HUBERT BURDA UND DIE ANTIKE

1 VOM STUDENT ZUM DOKTORAND
Egal, ob beim Kunstgeschichtsstudium in München und Marburg oder bei der Forschung über Hubert Robert in Rom. Hubert Burda schuf sich in seinen Studienorten stets eine Präsenz der Antike

2 SPIELFILM „ZUR SACHE, SCHÄTZCHEN“, 1967
Zusammen mit Werner Enke spielte Uschi Glas in dem Film von May Spils die Heroen des Anti-Establishments: „Ich bin so schlaff …“

3 FILMPREMIERE „JE T'AIME“
Serge Gainsbourg, französischer Komponist, Texter und Chansonnier, und Jane Birkin vor einem Plakat des von Gainsbourg inszenierten Films „Je t'aime“; anlässlich der Vorstellung der deutschen Fassung dieses Films

2

3

Zwischen den Polen seiner gutsituierten Herkunft und dem „Schwabinger Lebensgefühl“ mit Partys, neuer Musik und Literatur spielte sich das studentische Leben des Offenburger Abiturienten ein, der auch in den frühen 1960er-Jahren Aufbruchstimmung und ein neues Selbstbewusstsein der akademischen Jugend in sich aufsog. Bei allen Experimenten war er sich jedoch dem väterlichen Postulat stets bewusst: „Mit 25 bist du fertig!“ Das Künstlermilieu hatte Burda schon im Schoße seiner Familie erleben können, die bei allem wirtschaftlichen Erfolg nie die gesellschaftliche Faszination der Kultur vergessen hatte. Hubert Burda setzte diesen Weg konsequent fort – und München spielte bei dieser Ausrichtung eine entscheidende Rolle.

Die Ruine als Symbol des Unvergänglichen, als Krönung kunsthistorischer Forschung

1

Schon die Tatsache, dass Hubert Burda 1959 sein Kunstgeschichtsstudium bei Hans Sedlmayr in München beginnen konnte, bedeutete für ihn den Aufstieg in neue intellektuelle Sphären. Dabei war schon damals die „alte Schule" der Koryphäe Sedlmayr nicht unumstritten – einerseits wegen seiner konservativen Position, die er in seinem berühmten Buch „Der Verlust der Mitte" formuliert hatte, andererseits wegen seiner mangelnden politischen Distanz zur Ideologie des Nationalsozialismus, damals nur wenige Jahre vergangen.

Unbestritten aber war Sedlmayrs hohe fachliche Qualifikation – und die Faszination, die er auf seine Studenten ausübte. Bezeichnend ist, dass jene ihm zu seinem Abschied aus München 1964 ein Kostümfest gaben, an dem sowohl Hubert Burda als auch seine spätere Ehefrau Christa Maar mitwirkten. Sedlmayr trat in einer bezeichnenden Rolle im Kostüm Ludwigs XIV auf…

Nicht immer war sich Hubert Burda sicher, ob er den hohen Ansprüchen des Kunsthistorikers genügen konnte. Er wechselte von München nach Marburg und kehrte aber für seine Dissertation wieder zu Sedlmayr zurück. Sein Thema „Die Ruine in den Bildern Hubert Roberts", das 1967 im renommierten Münchner Wilhelm Fink Verlag erschien, führte ihn 1963 für mehrere Monate nach Rom, wo er in der berühmten Bibliotheca Hertziana zu seinem Thema forschen konnte. Heutiger antiquarischer Marktwert des Buches: zwischen 93 und 160 Euro.

Hubert Burda erinnert sich an seinen Alltag in Rom: *„Ich ging morgens hin und dann war es so, dass Rom Ende Juni leer ist, weil die alle im Urlaub sind. Ich habe gearbeitet, schätze ich, von zehn bis eins und von fünf bis sieben. Ich bin meistens von der Via Coronari zu Fuß, an der Piazza Navona vorbei, an der Trajanssäule, die dort beim Palazzo Montecitorio ist. Dann geht man schon Richtung Bernini und geht dann diese Via Sistina hoch. Ich bin sehr oft zu Fuß gegangen. Aber ich hatte schon damals einen roten Volkswagen, damals gab es noch nicht ganz so viele Autos in Rom. Es war ein Kabriolett. Und da gab's die Kneipen drum herum, wo man hinging, so einfache Spaghettilokale. Und irgendwann ging man dann noch mal vorbei und hat abends ein Eis gegessen."*

2

3

4

1 **HUBERT ROBERTS VUE IMAGINAIRE**
Die Ruine mit all ihren Assoziationsmöglichkeiten von Aufbau und Abbruch waren Hubert Roberts Lebensthema. Im Pariser Louvre hängt sein berühmtes Werk „Vue imaginaire de la Grande Galerie Ruine“ von 1796

2 **PROF. HANS SEDLMAYR, HUBERT BURDAS DOKTORVATER**
Hubert Burdas kunsthistorischer Lehrer Hans Sedlmayr (1896-1984), seit 1951 Ordinarius für Kunstgeschichte an der Münchner Universität, war ein intellektueller Mittelpunkt im geisteswissenschaftlichen Leben Münchens

3 **HUBERT BURDA AM SCHREIBTISCH**
An diesem Schreibtisch begann Hubert Burda die Doktorarbeit über Hubert Robert, stets im Blick den Stich von Piranesi, der die Piazza Navona in Rom zeigt

4 **DER GANZE STOLZ DES JUNGEN DOKTORS,1967**
Im Jahre 1967 erschien Hubert Burdas Dissertation über Hubert Robert in gebundener Ausgabe beim Münchner Fink Verlag

Als Mäzen nach München

Es gehörte zum Selbstverständnis des Senators Franz Burda, dass wirtschaftlicher Erfolg auch seinen Niederschlag im gesellschaftlichen Engagement des aus einer kleinen Druckerei gewachsenen Medienkonzerns fand. Das betraf nicht nur soziale Einrichtungen für die Mitarbeiter, sondern auch auf dem kulturellen Sektor ein Mäzenatentum. Von Hause aus eher der Musik zugetan, fand Franz Burda aber auch Wege, die bildenden Künste zu unterstützen. Burda selbst, und vor allem seine Frau Aenne, waren mit einigen Künstlern, wie Chagall, persönlich befreundet. In Offenburg lobte Franz Burda den Ortenauer Kulturpreis aus. Und auch das schon vom Senator geliebte München profitierte vom gesellschaftlichen Engagement des Hauses Burda. Zwischen 1958 und 1968 stiftete Franz Burda den während der Großen Kunstausstellung im Haus der Kunst verliehenen Burda Kunstpreis für Grafik, Malerei oder Bildhauerei, dotiert mit der damals beachtlichen Summe von 10 000 Mark. Insgesamt investierte er in die Große Kunstausstellung insgesamt 400 000 DM. In den 1960er Jahren begleitete und beriet Hubert Burda seinen Vater selbstverständlich.

1

2

„Dann kam Andy Warhol und ich wusste, etwas in dieser celebrity-culture ist doch viel mehr, als dass das nur die blöden Kühe wie die Marilyn Monroe wären und so weiter. Ich wusste, irgendwas in denen ist da. Und heute weiß ich das natürlich, mit jenem berühmten ‚Expose yourselve'. Dies ist die letzte Stufe des Egotrips, den wir alle mal erfunden haben ab der Renaissance."

HUBERT BURDA über Kunst und Gesellschaft

1 **BURDA KUNSTPREIS, 1963**
Auf Kunstschau: Senator Franz Burda mit seinem Sohn Hubert

2 **BURDA KUNSTPREIS, 1967**
Beraten von einer Fachjury suchte Franz Burda (rechts) die Träger des Burda-Preises aus. Nach studentischen Protestaktionen – dem Geist der Zeit geschuldet – zog sich der Senator aus diesem Projekt zurück

Die Welt des Glamours. Stars im Schein der guten Taten. Gesellschaftlicher Glanz und Pflicht

Schon früh zählte es zur Strategie des Verlegers Franz Burda, nicht nur seinen Lesern etwas vom Glanz der Stars zu übermitteln, sondern auch selbst freundschaftlichen Umgang mit den Größen aus Politik, Sport, Musik und Schauspiel zu pflegen. Ein wichtiges Vehikel war dabei der „Bal paré", von den Burdas von 1962 bis 1971 veranstaltet. Ein glanzvolles Großereignis, das eben nur in München stattfinden konnte und mit dazu beitrug, den von der Medienkonkurrenz aus Hamburg genüsslich verorteten Provinzstatus des Medienstandortes Offenburg auszugleichen.

Im Licht des gesellschaftlichen Glanzes sonnten sich nicht nur die der Familie Burda vertraute Prominenz, sondern auch viele, die erst durch die Einladung zum Ball geadelt wurden. Für die illustrierten Blätter wiederum ein schöner Anlass für bunte Berichte. So spielte man sich schon in jenen Tagen die Bälle zu, ein Konzept, das auch in der aktuellen Medienwirklichkeit seinen Platz behauptet.

1

1 **BAL-PARÉ-NACHT IM BAYRISCHEN HOF, 1968**
Aenne und Senator Dr. Franz Burda umringt unter anderem von Romy Schneider, Josef Neckermann, Franz Joseph Strauß, Max Schmeling, Anny Ondra, Mireille Mathieu.

2 **DER BAL PARÉ 1968**
Ungeachtet seiner intellektuellen Ausrichtung lernte auch der junge Hubert Burda schnell, sich auf dem glänzenden Parkett zu bewegen – mit großem Amüsement!

2

BAL PARÉ IN MÜNCHEN, 1969
Auch am Ende des Jahrzehnts noch von ungebrochener Faszination: Beim Bal Paré ausgelassene Tänze in schmucker Robe

PRESSEKONFERENZ OLYMPISCHE BAUTEN
Franz Joseph Strauß mit Münchens Oberbürgermeister Hans-Jochen Vogel

AENNE BURDA MIT DEM MÜNCHNER OBERBÜRGERMEISTER HANS-JOCHEN VOGEL, 1965
Festliche Ereignisse als Kulisse diplomatischer Kontakte: Im CSU-Paradies Bayern konnte auch ein dynamischer SPD-Oberbürgermeister viel bewirken

BAMBI-VERLEIHUNG IN MÜNCHEN, 1968
Fernsehstudios des ZDF, München-Unterföhring; Senator Franz Burda und Sohn Hubert Burda, Peter Handke (im Vordergrund)

„Oans, zwoa, gsuffa!" – die Feste feiern wie sie fallen – ob badisch oder bayrisch

1

2

Das Derbe zu kultivieren war seit alters her ein bayrisches Privileg. Diese Hemdsärmeligkeit kam Senator Franz Burda mental sehr entgegen, und auch sein jüngster Sohn entwickelte mit zunehmender Reife wachsende Freude an der jovialen Geste. Dass es Hubert Burda zumindest rhetorisch keine Mühe bereiten würde, vor großen Mengen aufzutreten, hatte er schon mit seinen Referaten als Schüler hinreichend bewiesen. Später war ihm das Vergnügen anzusehen, sich in die Sprache seines Publikums einzufinden. Einmal stringent intellektuell, wenn es um die theoretische Untermauerung seiner Medienthesen ging, andererseits auf Augenhöhe mit seinem Publikum, gespickt mit persönlichen Anekdoten und leichter Dialektfärbung, mal bayrisch, mal badisch.
In der Realität der Verleger-Familie gab es also nicht nur die großen gesellschaftlichen Ereignisse, die oft von den Burdas selbst ins Leben gerufen wurden, sondern auch Gelegenheiten, sich dort zu präsentieren, wohin das Gros ihrer Leserschaft strömte; zum Beispiel bei Volksfesten wie dem Münchner Oktoberfest, wo man gepflegt ebenso wie derb über die Stränge schlagen konnte. Die Präsenz auf der populärsten aller volkstümlichen Vergnügungen ist obligat für jeden, der Kontakt mit der Masse sucht.

3

1 **BADEN AUFS SCHILD GEHOBEN**
Zur Einweihung des neuen Verlagsgebäudes in der Arnulfstraße an einem heißen Julitag 1967 hatte man eigens aus Offenburg ein Schild der „Republik Baden" besorgt. Prominente Gäste (links): Joachim Fuchsberger und Marianne Koch

2 **KLARE GRENZE: FREISTAAT BAYERN**
Ebenso liebevoll mit Blumen geschmückter Grenzpfahl – und das seit 1950 gültige bayrische Wappen – und mit weißem Bart Bayerns stellvertretender Ministerpräsident Alois Hundhammer

3 **VERLEGERIN AENNE BURDA, 1968**
Beim Oktoberfest, das die Burda-Familie einfach nach Offenburg verlegte, zeigt sie, wie man Bierkrüge zünftig herschafft – sechs auf einen Streich!

Christa Maar, Kommilitonin, große Liebe

1

1 HUBERT BURDAS WICHTIGSTE BEKANNTSCHAFT NACH ZWEI JAHREN STUDIUM
„Sie ist mir natürlich sofort aufgefallen, so viele hübsche Mädchen saßen schließlich nicht im Seminar", erinnert er sich heute

2 DAS TANZPAAR
Im Herbst 1963 entwickelt sich aus näherem Bekanntsein eine echte Liebesbeziehung. Im Sommer 1964 zieht man in eine gemeinsame Wohnung

3 DIE STRAHLENDE
„Sie sah einfach blendend aus, und sie wusste genau, wie sie wirkte." Sie studierte fleißig Kunstgeschichte wie Hubert, arbeitete als Model und genoss Fahrten ins Voralpenland

2

3

Hurra – wir haben geheiratet!

4

5

Nach den inspirierenden Studentenjahren, in denen der Kunst-Historiker Hans Sedlmayr eine große Rolle spielte, nach der Doktorarbeit über Hubert Robert im Jahr 1965, trat Hubert Burda in den elterlichen Betrieb ein, ins bürgerliche Leben. Im November 1966 übernahm er die Verlagsleitung der Zeitschrift BILD+FUNK in München. Kurz darauf kündigte sich bei Christa und Hubert Nachwuchs an. In der Burda-Villa in Offenburg wurde eine große Hochzeitsparty gefeiert. Die Braut war im fünften Monat. Zur großen Freude der Eltern kam Sohn Felix im November 1967 auf die Welt.

4 **DIE HOCHZEIT VON HUBERT UND CHRISTA, 1967**
Es war ein Ereignis, das in allen Burda-Zeitschriften ausgiebig gefeiert wurde

5 **DIE STOLZEN KINDSELTERN**
Der Sohn Felix kam als Münchner auf die Welt, in der Frauenklinik der Ludwig-Maximilians-Universität

Die Pop-Kultur in München oder die Liebe zu Bob Dylan

Natürlich ließen die Beatles und die Rolling Stones, die englischen Rockbands, die von den frühen 60er-Jahren an die Popmusik beherrschten, Hubert Burda nicht kalt.

1

Aber der amerikanische Liedsänger Bob Dylan brachte Etwas zum Ausdruck, was Hubert Burda unmittelbar anzog: Eine von der Bluesmusik der Schwarzen in den USA beeinflusste, elegische, lyrische Gesangskomposition, eine Fusion von Dichtung und Musik: „How does it feel to be without a home, like a complete unknown, like a rolling stone?"

Das Schwabinger Gefühl, was die jungen Leute nördlich des Siegestors teilten, bestand sicher aus Euphorie, Leichtsinn und Lebenslust, aber wie die Schwabinger Krawalle des Jahres 1962 anzeigten, war da immer auch Wut, Verzweiflung und Isolation im Spiel. Die Traurigkeit über verlorene Illusionen. Bob Dylans Songs artikulieren diese Gefühlslage, und indem sie diese beschwören, halfen sie einem, sich wieder davon zu befreien. Hubert Burdas Sinn für das Lyrische fand später in der Freundschaft zu Peter Hanke und in den Dichterfesten des Petrarca-Preises seinen Ausdruck.

HUNTER *notiert*

Polterabend in Pop

„Die Liebe ist süß, bis ihr wachsen Händ' und Füß'" war als Motto auf die Einladungskarte gedruckt, a der Dr. Hubert Burda und Christa Krauss zu ihre Polterabend ins Forsthaus Hinterbrühl eingelad hatten. Die Einladung versprach einen „Pop-bavaria Polterabend", mit Minikleid, Popkrawatte, Dirn Trachtenanzug, pyrographischen Happenings, Stecker fischen und Brathendln.

Es war mein erster „Po Abend" und ich muß sagen, a ich einige Stunden im Forstha verbracht hatte, wußte ich zumi dest annähernd, was „Pop" ist.

Obwohl es regnete, fand d Fest zur Hälfte im Garten sta Unter blauen Baldachinen und i

Briefmarken-Moh
Stachus, Mathäser-Passage, Tel. 55 32
Giesing, Sankt-Martins-Str. 1, Tel. 6976

blauen Zelt. Am Eingang d Wirtsgartens spielte ein Orch strion in voller Lautstärke, i Zelt ertönte Schrammelmusik, d hinter war der Lärm aus mehr ren Juke-Boxes zu hören — al zur selben Zeit. An Automaten i Garten, als „Kleines Oktoberfe aufgebaut", konnte man Tischfu ball oder „Flipper" spielen. diese Geräusche zusammengenor men — das ist Pop.

Angi Rossi-Münemann war i selbstgenähten Pailetten-Mir

Erlesener Chic
REGINA PERUSASTR.

Cocktail-Kleid erschienen, Wi Bogner jr. im Trachtenlook a eigener Werkstätte, Helmut Mar wort (Chefredakteur von „Bi und Funk") in bayerischer Drag neruniform, die Bayer prinz Leopold und Adalber Sonntagsanzug.

...im selbst-

2

1 BOB DYLAN ALIAS ROBERT ALLEN ZIMMERMAN
Der 1941 in Minnesota Geborene galt in den Jahren 1962-1964 als Idol der Jugend-Protestbewegung. Als erster Musiker erhielt der „Singer-Songwriter" 2016 den Literatur-Nobelpreis

2 HUNTER
Hunter, alias Hannes Obermaier, in den 60er-Jahren Münchens Klatschkolumnist Nummer eins. Christa trug am Polterabend noch ihren Familiennamen Krauss

Abendzeitung

huher im schwarzen Pagensamt-
zügerl, Helmut Qualtinger im
Qualtinger Look", wie er als
Herr Karl" leibt und lebt. Diese
ostümierung zusammengenom-
en — das ist „Pop".
Das Brautpaar selbst hatte als
odische Gags eine „Pop-Kra-
atte" (Hubert) und einen Mini-
inger (Christa) beigesteuert. Um-
ekehrt wäre es „Pop" gewesen.
o war es normal.
Ein Fest, bei dem Herren über
und Damen über 35 selbst spü-
n, daß sie „zu spät aufgestan-
en" sind — auch das „Pop".
So war es auch nicht verwun-
rlich, daß (außer mir) nur noch
me-Life-Korrespondent Franzl
pelman und der Industrielle Dr.
oris Orentschuk unter den 90 Gä-
en waren — die gleich mir als
tere „Platzhirsche" im Rudel
r Jungen einzubrechen versuch-
n. Merke: „Pop" geht nur bis
.
Dr. Hubert Burda, der in Mün-
en Kunstgeschichte studierte —
ine Frau Christa arbeitet auch
rade an ihrer Doktorarbeit —,
atte viele Studienfreunde einge-
den, Maler, Bildhauer, Kritiker,
irigenten. Jungakademiker, die
ders feiern als die Café-Society.
o war der Kunsthistoriker Dr.
A. Haenlein für das mitter-
ichtliche Feuerwerk verantwort-

ch und der Maler Werner Schreib
r das „pyrographische Happen-
g". Während das Feuerwerk
ormal verlief, hatte es das „Hap-
ening" in sich. Maler Schreib
nalte" mit Zündstoff, es gab
nen Donnerschlag und das
Bild" fing leicht zu brennen an.
as Lokal nicht. Das ist auch —
Pop".
Beim reichhaltigen Büfett gab
keine „Pop-Kost", sondern nor-
ale Fische, Hendl, Salate und
n kaltes Büfett in großer Aus-
ahl. Auch Pop-Maler usw. wol-
n ihren Magen auf altherkömm-
...ise sätti...
Polter-

Brautpaar Dr. Hubert Burda und Christa Krauss

abendgesellschaft in den pop-ge-
schmückten Saal des Gasthauses
umgezogen. Eine Beat-Band
(B.B.B.B.) — beste Beat-Band
Bayerns) machte Überschallmusik,
drei Projektoren warfen farbige
Bilder pausenlos an Decken und
Wände — auch das war „Pop".
Es war im wahrsten Sinn des
Wortes ein rauschendes Fest,
draußen rauschte der Regen, drin-
nen die Musik. Getanzt wurde
natürlich auch — „Pop".
Unter den Gästen gesichtet: die
Brüder von Hubert, Franz Burda
jr. mit Frau Bambi und Frieder
Burda mit Frau Karina, Jutta
Schwarz (Hauptdarstellerin des
Werkraumtheaterstücks „Geret-
tet"), Dr. Florian Furtwängler,
Dr. Eckardt Furtwängler, Archi-
tekt Christoph Sattler, Dirigent
Eberhard Schöner, Gerhard von
Graevenitz und Rosemarie Sprin-
ger, die Frau von Axel Sprin-
ger jr.
Teile der Polter... Gesell-
schaft traf ich ...
„Alecos" ...

„Bermuda-Short-Party". Auch die
war „Pop". Noch später tauchten
einige besonders Ausdauernde im
„Take-five" auf. Die Inhaber
Tommy Hörbiger und Sergio Cos-
mai, die lange streng auf Etikette
hielten und Krawatte zum Anzug

vorschrieben, sind auch schon
„Pop" geworden.
Das originellste Polterabend-
Geschenk war von Toni Feld-
meier gekommen: ein Pop-Bild,
selbst gemalt. Auf dunklem Grund
ein echter Schweinskopf, mit
einem Engerlrock dekoriert. Und
das war nun ganz gewiß „Pop-
pop-pop".

Bis morgen
Ihr
Hunter

Helmuth Qualtinger, nicht ...
kleidet, trotzdem „Po...

Phot...

Die schwierige Planung einer Zukunft – ungewisser denn je

1

Oberbürgermeister von München war der deutsche Superjob 1960. Der Glücksfall hieß Hans-Jochen Vogel, erst 34 Jahre alt, mit Doktortitel der Rechtswissenschaft. Er transferierte das Stadtplanungsamt in seine Zuständigkeit und entwickelte einen 30-Jahre-Plan. Der Begriff autogerechtes Straßennetz hatte einen positiven Klang. Von modernen Bahnnetzen und attraktiven Fußgängerzonen profitiert die bayerische Landeshauptstadt noch heute. 1966 gelang Dr. Hans-Jochen Vogel ein Doppelerfolg. In Rom setzte er gegen die Konkurrenz aus Detroit, Madrid und Toronto die bayerische Landeshauptstadt als Austragungsort der Olympischen Sommerspiele 1972 durch, und in Bonn machte er bei Bundeskanzler Ludwig Erhard die nötigen Millionen locker. Seine härtesten Kritiker waren in der eigenen Partei und verleideten ihm eine dritte Amtszeit.

2

1 **HANS-JOCHEN VOGEL**
Seinen Prestigeerfolg, die Olympischen Sommerspiele 1972, verfolgte er als Zuschauer ohne Amt

2 **BLICK AUF DIE GROSSBAUSTELLE OLYMPIASTADION**
Auf dem Trümmerschutt aus der kriegszerstörten Stadt entstand im Areal Oberwiesenfeld der Olympiapark. Die Zeltdachkonstruktion steht heute unter Denkmalschutz

TUNNELBAU MÜNCHEN, 1969
Der Schildvortrieb mit einer Stahlröhren-konstruktion wurde unter der Londoner Themse im 19. Jahrhundert erstmals gewagt

Nur sechs statt zwölf Jahre Bauzeit für die Olympialinie

Wegen der Olympischen Sommerspiele musste alles schneller erfolgen. Der Zubringer zum Olympiagelände erhielt Vorrang. Die neue Planung war nach einem Monat abgesegnet. Bereits am 10. Mai 1967 wurde mit dem Schildvortrieb begonnen. Die Stadt bündelte alle Kräfte in der Münchner Tunnel-Gesellschaft mbH. Sie sammelte mehr Geld ein, als zeitnah verbaut werden konnte. Schnell wurden weitere Strecken beschlossen. Beispielsweise nach Neuperlach. Ein innerstädtisches Dreieck aus Hauptbahnhof, Odeonsplatz und Sendlinger Tor unter Einbeziehung der Bahnhöfe Karlsplatz und Marienplatz bildete den Kern des Netzes. Die Kernziele wurden in drei Mittelfristprogrammen festgelegt und erfüllt. Die U-Bahn-Linie Münchner Freiheit bis Olympiazentrum wurde am 8. Mai 1972 eröffnet. Zehn Tage davor hatte schon die S-Bahn ihren Betrieb gestartet. In den 17 Tagen der Olympischen Spiele beförderte die U3 vier Millionen Fahrgäste, häufig im 150-Sekunden-Takt. Auch eine Art Olympiarekord.

U-BAHN-HALT MESSESTADT OST
Zwischen dem östlichen Endbahnhof mit begeisterndem Lichtkonzept und Feldmoching liegen 25 Bahnhöfe entlang der U2

Im Brennglas München ein buntes Abbild der Weltprobleme

1

2

3

4

5

6

Die kulturellen Revolutionen der 1960er-Jahre prägten nicht weniger stark als die Baumaßnahmen das Straßenbild. Wie überall in der westlichen Welt protestierte die Jugend auch in der bayerischen Landeshauptstadt gegen den Schah von Persien und für Ho Chi Minh.

7

1 **DIE DEUTSCHE SÄNGERIN FRIEDEL FRANK AUF DER LEOPOLDSTRASSE VOR DEM SIEGESTOR, 1967**
Das meistfotografierte Münchner Gesicht hätte auch eine Helene Fischer beunruhigt

2 **DEMO FÜR DEN MINIROCK, 1970**
Diese euphorische Begeisterung erreichte München mit einem Jahr Verspätung

3 **BAUSTELLE OLYMPIAHALLE, 1970**
Die Mehrzweckhalle eignet sich auch für Opernevents

4 **1. MAI IN MÜNCHEN, 1980**
Der vietnamesische Präsident als Symbol für Unabhängigkeit und Bescheidenheit hatte in München eine treue Anhängerschaft

5 **GEGEN DEN SCHAH VON PERSIEN, 1967**
Der Sozialistische Deutsche Studentenbund und die iranische studentische Opposition unterwegs gegen den gemeinsamen Feind

6 **BEWEGUNG MIT FALSCHER BEZEICHNUNG, 1972**
Ausgangsjahr der sogenannten 68er-Bewegung in Deutschland war 1967 der Besuch des Schah als Staatsgast der Großen Koalition in Westberlin

7 **ERSTE SCHRITTE IM VERLAGSWESEN, 1965**
Hubert Burda hospitierte in sämtlichen Abteilungen

Nach den Schwabinger Krawallen übte die Münchner Polizei erstmals Deeskalation

1

Berittene Polizei auf den autogerechten Straßen für die Münchner Schickeria. Wikipedia widmet den „Schwabinger Krawallen" einen eigenen Eintrag. Für viele vielleicht überraschend, jedoch durchaus gerechtfertigt. Am Fronleichnamstag 1962 erklangen bis spät in die Nacht auf der Leopoldstraße russische Volkslieder, und als eine Streife anrückte, weigerten sich die jungen Musiker, den Polizisten aufs Revier zu folgen. Passanten unterstützten in der lauen Juninacht die Ruhestörer. Im Mannschaftswagen rückte Verstärkung an. Hunderte, dann tausend und mehr junge Menschen widersetzten sich. In Tageszeitungen wurden sie als Halbstarke bezeichnet. Gäste in den Straßencafés des Prachtboulevards kletterten auf Tische wegen der besseren Sicht. Der Polizeipräsident entschied: „Vom Gummiknüppel darf erst dann Gebrauch gemacht werden, wenn der Räumung besonders heftiger Widerstand entgegengesetzt wird." Der 19 Jahre alte Andreas Baader war Augenzeuge und berichtete seiner Mutter: „Weißt du, in einem Staat, wo die Polizei mit Gummiknüppeln gegen singende junge Leute vorgeht, da ist etwas nicht in Ordnung." Es folgten fünf Nächte und vier Tage Straßenschlachten mit der Polizei. Augenzeugen sahen, wie

2

man Autos mit Fußtritten und Steinen beschädigte, Touristenbusse wurden am Weiterfahren gehindert und Straßenbahnen durch Twist-Tänze gestoppt. Am Ende wurde geschätzt, dass insgesamt etwa 40.000 junge Menschen beteiligt waren. Mit einem plötzlich einsetzenden Regen war der Spuk zu Ende. Ein neuer Polizeichef entwickelte Strategien zur Deeskalation. Sie waren in den 1968er-Tumulten hilfreich.

1 **SCHWABINGER KRAWALLE, 1962**
Viele Uniformierte vor der „Gaststätte Leopold" hatten im Krieg gekämpft und fanden sich nun in einem Generationenkonflikt wieder

2 **EIN MÖRDERISCHER SCHUSS, 1967**
Die Erschießung des Studenten Benno Ohnesorg durch einen Polizisten am 2. Juni 1967 hatte historische Bedeutung

PRAGER FRÜHLING, 1968
Die Bezeichnung stammt von einem Prager Musikfestival

BEGEISTERUNG NICHT NUR IN PRAG
Der neue tschechoslowakische KP-Chef Alexander Dubček begeisterte ab Januar 1968 mit seinem Streben nach Liberalisierung, Demokratie und Meinungsfreiheit vor allem die Jugend

GRÖSSTE MILITÄR-OPERATION IN EUROPA SEIT 1945
In der Nacht zum 21. August 1968 marschierten etwa eine halbe Million sowjetische Soldaten in die Tschechoslowakei, dem Nachbarland Bayerns, ein. Aus Protest gegen die Niederschlagung der Freiheitsbewegung verbrannte sich der Student Jan Palach auf dem Prager Wenzelsplatz

ZWEI ATTENTATE SCHOCKIEREN 1968
Sieben Tage nach der Ermordung des Bürgerrechtlers Martin Luther King folgen aus Wut über das Attentat auf Rudi Dutschke auf dem Westberliner Ku'damm am 11. April 1968 schwere Straßenschlachten mit der Exekutive in allen deutschen Universitätsstädten

MÜNCHNER OSTERTAGE DER GEWALT, 1968
Rund 21.000 Polizisten in Panzerwagen und mit Wasserwerfern waren weitgehend machtlos gegenüber der sprunghaft steigenden Protestbereitschaft unter laut Umfragen 55 Prozent der jungen Menschen

Bereits 1966 hieß es: In München steht ein Burdahaus

1

Arnulfstraße 197: Symbol für Expansion

In den 1960er-Jahren entwickelte der Burda Verlag eine fulminante Dynamik: 1960 Integration der „Münchner Illustrierte“ in die BUNTE. 1961 Umstellung auf modernste Tiefdruckrotation. 1964 Fertigstellung des Burda-Hochhauses 1 in Offenburg – heute nach Modernisierung Hubert Burda Media Tower, 67 Meter hoch. München wurde als zweiter Unternehmensstandort ausgesucht.

Die Adresse Arnulfstraße 197 in Neuhausen liegt nur acht Kilometer vom Ende der Autobahnverbindung Offenburg-München entfernt. Sie wurde Standort für die Programmzeitschrift „BILD+FUNK“, „Freundin“, „Das Haus“ und für Redaktionsbüros von BUNTE und „burda Moden“.

2

1 **ARNULFSTRASSE 197**
Der erste Burda-Standort in München lebt heute als interkulturelle Begegnungsstätte für mehr als 70 Gruppen weiter

2 **SCHLÜSSEL MIT SYMBOLKRAFT**
„Schön groß, damit die Fotografen was davon haben", kommentierte Dr. Franz Burda das Geschenk an den Jüngsten. Mit 63 Jahren gab der unternehmerisch kaum zu bremsende Vater eine große Verantwortung ab. Der junge Doktor der Kunstgeschichte wurde Geschäftsführer München und Verlagsleiter der BILD+FUNK

EINWEIHUNG, 1966
Anlässlich der Einweihung begrüßt Dr. Burda seine Mitarbeiter in der Arnulfstraße 197 in München

Badischer Unternehmergeist in bayrischem Ambiente

Die muntere und von der aufstrebenden Großstadt München in den 1960er-Jahren geprägte Redaktion der BILD+FUNK bescherte dem Verlagsgründer Dr. Franz Burda einen ungewohnten Anblick. Fast die Hälfte der Anwesenden waren junge, begeisterte Frauen. In diesem Sinn war damals seine Offenburger BUNTE fast eine Männerzeitschrift. Das änderte sich erst, als sein Sohn Hubert – hier an seiner rechten Seite – knapp zehn Jahre später immer mehr mitzureden hatte.

Dieses Duo erwartete enormer Erfolg

1

Testlauf für spätere noch größere gemeinsame Erfolge. Als Endzwanziger und drei Jahre älter als sein Chef übernahm Helmut Markwort 1966 die Chefredaktion der BILD+FUNK, damals noch mit herausnehmbarem Radioprogrammteil. Vier Jahre lang betreuten die zwei nicht irgendeine Publikation aus dem Burda-Verlag, sondern die Weiterentwicklung der allerersten Zeitschrift des Druckers Dr. Franz Burda vom Januar 1927. Aus dessen Erinnerungen: „Zum ersten Mal schlug bei mir das Pendel des richtigen Gespürs wahrnehmbar aus, als ich meinen kleinen, schwarzen Detektor-Apparat einschaltete. Urplötzlich kam mir der Gedanke, wie man sich mit dem neuen Medium, dem Rundfunk, eine breitere Resonanz beim Publikum verschaffen könnte, und ebenso blitzartig kam mir die Idee: Wie wäre es mit einer Radiozeitung, in der die Leser das komplette Sendeprogramm vorfinden? Ein Titel fiel mir auch sogleich ein. ‚Sürag', eine Abkürzung von ‚Süddeutsche Radiozeitung'. Startauflage 3.000 Exemplare, Umfang 24 Seiten."

2

1 **FRÜHES TEAM, 1966**
Chefredakteur Helmut Markwort und Verlagsleiter Dr. Hubert Burda am Arbeitsplatz von Redakteurin Susanne Reinl

2 **KURZE ERSTE LIEBE**
Vier Jahre lang war Helmut Markwort prägende Kraft in der Redaktion. Zur gleichen Zeit startete Dr. Hubert Burda die elektronische Datenverarbeitung mit Lochkarten im Verlag des Vaters. 1970 trennten sich die Wege vorerst

Der Fußballgott zeigte auch in Offenburg seine Warhol-Klasse

VIER BERÜHMTE MÜNCHNER IM OFV-STADION
Franz Beckenbauer zeigt sein Außenristspiel unter den kritischen Blicken von Uli Hoeneß (links), Paul Breitner und Gerd Müller (hinter ihm, rechts) auf Offenburger Rasen

Wenn es eine verborgene Gemeinsamkeit von Franz Beckenbauer und dem fünf Jahre älteren Kunsthistoriker Dr. Hubert Burda gegeben hat, dann waren es hochgesteckte Ansprüche an eigene Leistungen. Den vor allem als Libero brillierenden Fußballgott ehrte die BUNTE fünf Mal mit dem Medienpreis Bambi und mit einem eindrucksvollen Portrait von Andy Warhol. Bei einem Gastauftritt 1971 der volksnahen Stars des FC Bayern München im Stadion des Offenburger Fußballvereins war in den Köpfen der Zuschauer noch die Erinnerung an die rettende Glanztat des Ballzauberers bei seiner zweiten Fußballweltmeisterschaft, Mexiko 1970, präsent. Im Viertelfinalspiel Deutschland gegen England lag die DFB-Elf in der 67. Minute 0:2 zurück. Ein mitreißendes Solo des Mittelfeldspielers Franz Beckenbauer leitete mit dem Anschlusstreffer die Wende zum 3:2-Sieg ein. Ein Kopfballtor Uwe Seelers rettete Deutschland die Verlängerung. Gerd Müller vollstreckte in der 108. Minute und wurde mit zehn Treffern Torschützenkönig. Es war eines der dramatischsten Spiele, und der Weltmeister war aus dem Rennen. Im selben Monat erlebte der jüngste Verlegersohn mit der zu stark innovativen Männerzeitschrift „m" eine krachende Niederlage, die einigen endgültig schien. Unter Udo Lattek war der FC Bayern München 1971 auf dem Weg zum Fußballthron, wie ein Zeitzeuge kommentierte, und beendete nach einer unglücklichen Niederlage als Tabellenführer in der letzten Runde die Meisterschaft als Zweiter. Der Burda-Verlag war in der rauen Medienwelt seinerzeit ebenfalls eine Art Underdog. In der kleinen Münchner Innenstadt trafen der in Grünwald wohnende Franz und der junge Verleger oft zusammen. Daraus entwickelte sich auch zwischen den Unternehmen eine freundschaftliche Beziehung. Später kam es durchaus vor, dass der Clubmanager Uli Hoeneß höflich bei Dr. Hubert Burda anfragte, ob der Verlag dem Verein vielleicht mit einem Flugzeug bei einem kurzfristig entstandenen Transportproblem aushelfen könnte.

DER BEGINN EINER LANGEN FREUNDSCHAFT
Diesen aufstrebenden Sportler konnte auch ein Jungunternehmer wie Dr. Hubert Burda gut finden. Als Erfinder des Doppelpasses entwickelte sich Beckenbauer zum Schrecken der Abwehrreihen

IM TRIKOT MIT SELTENHEITSWERT, 1971
Die überwiegend männliche BUNTE-Redaktion übte das Fußballspiel regelmäßig in ihrer „Burda Presse-Elf".
Das fand auch der jüngste Verlegersohn sehr verlockend

SPORT FÜR ALLE ALS GESCHENK DES VATERS
Den Burda-Mitarbeitern in der Druckerei und im Verlag stellte der Senator ab 1963 ein Sportgelände zur Verfügung, für Fußball, Tennis, Schwimmen – eine Tradition, die von Dr. Hubert Burda durch einen eigenen Firmensportclub in München fortgesetzt wurde

Die Olympischen Spiele, die „Heimliche Hauptstadt Deutschlands“ und die Gründung des legendären Petrarca-Preises

Es sollten „heitere“ Sommerspiele werden. Die Erinnerung an die Olympischen Sommerspiele 1936 in Berlin sollte getilgt und für ein anderes, sympathisches Bild des Nachkriegsdeutschlands geworben werden. Ungewöhnliche Sportstätten, der Idee der modernen „Gartenstadt“ verpflichtet, wurden geschaffen. München schien die große internationale Herausforderung bravourös zu bestehen, bis ein Terroranschlag auf israelische Sportler jäh die Feststimmung vergällte.

Dennoch: Mit der Olympiade 1972 erreichte die bayrische Metropole den Höhepunkt einer 25-jährigen urbanen Erfolgsperiode.

Auf einmal wurde ein München-Aufenthalt Mode bei den Schönen und Reichen dieser Erde. Eine vitale Filmszene etablierte sich, die großen Rockmusiker – die Rolling Stones, Queen etc. – entdeckten hier neue Studios, und eine bunte „Clublandschaft“ zog „Prominente“ und „People-Journalisten“ an! München, die deutsche Kapitale, in der Kunst und Lifestyle zueinander finden. Angeregt von dieser Atmosphäre wagte Hubert Burda 1969 mit einigen Freunden den Start eines Lifestyle-Magazins namens „m“. Angelehnt an das Layout des damaligen Parade-Magazins „Twen“ wurde „m“ ein Sammelbecken unterschiedlichster Begabungen, die das damals Unmögliche wollten, ein Leserpublikum finden, das marxistische Salonintellektuelle, progressive Galeristen, sozial ambitionierte „Kreative“ und möglichst viele junge Leute verband, die von den Kulturkämpfen der letzten Jahre durchgeschüttelt worden waren. Eine Generation „M“ wollte sich jedoch daraus nicht bilden lassen. Das Experiment, das Jahre später von Magazinen wie „Transatlantik“ und „Tempo“ wieder aufgenommen wurde, musste wegen mangelhafter finanzieller Ergebnisse eingestellt werden.

Nach dieser Erfahrung wandte sich Hubert Burda dem Flaggschiff seines Vaters Franz Burda zu, der „Bunten“. Wie funktionieren Zeitschriften für ein Massenpublikum, wie gewinnt man Aufmerksamkeit bei den verschiedenen Schichten der Gesellschaft, ja, und wie beeinflussen sich die „oberen“ und „unteren“ Schichten in ihrem Geschmacksurteil, ihrer Lebensauffassung und ihrem Glücksstreben? „High“ und „Low“ können sie verbunden werden oder stoßen sie sich einander ab?

Wie nun aber mit den eigenen literarischen Ambitionen, mit den Intellektuellen-Freunden in München umgehen? Zwei Seelen in einer Brust. Da kam sein Freund Bazon Brock zu Besuch nach München, an einem Sommertag, als man den 600. Todestag Francesco Petrarcas, des Dichters und Humanisten, in den Feuilletons feierte. Im Garten der Wohnung in der Schackstraße diskutierte man viel über die Literatur der Gegenwart. Plötzlich entstand die Idee des Petrarca-Preises, eine Idee unter Freunden, die sich von 1975 an bis ins 21. Jahrhundert in unvergessenen Dichterfesten und Kunstreisen, vor allem in Italien und Frankreich, verwirklichte.

BURDA München Projekt 4

1970

Das Schickeria-Jahrzehnt

1

2

3

1 **BAMBI IN BONN, 1970**
Der Preisträger in der Kategorie Gesellschaft war Bundespräsident Dr. Gustav Heinemann (2. von rechts) mit Chefredakteur Helmut Markwort (Mitte) und Verlagsleiter Dr. Hubert Burda in der Villa Hammerschmidt

2 **BAMBI-GALA, 1970**
Publikumsliebling Joachim „Blacky" Fuchsberger gewann in der Münchner Kongresshalle sein erstes „Bambi" und 2012 das dritte für sein Lebenswerk

3 **WERNHER VON BRAUN MIT DR. HUBERT BURDA, 1969**
Funkbilder von der Mondlandung wurden bereits am darauffolgenden Tag in Offenburg gedruckt

„Der BUNTE-Sonderdruck ‚Der Flug zum Mond' verkaufte sich 500.000-mal. Der Bildband des Vaters über Wernher von Braun, ‚Mein Leben für die Raumfahrt', wurde ein Bestseller."

DR. HUBERT BURDA zum Anlass des Jahrhundertereignisses der Mondlandung am 21. Juli 1969 um 3.40 Uhr mitteleuropäischer Zeit

GENERATIONEN-WECHSEL
Mitte der 1970er leitete Dr. Franz Burda die Übergabe an die nächste Generation ein, hier verkörpert durch den Jüngsten

BILANZPRESSE-KONFERENZ DER SÖHNE, 1974
Die Brüder Schulter an Schulter mit leitenden Mitarbeitern (von links): Karl Heinz Hiller, Dr. Hubert Burda, Geschäftsbereich Medien, Frieder Burda, Geschäftsbereich Investments, und Franz Burda, Geschäftsbereich Druck, Konrad Beer und Fritz Burkhardt

BAMBI-TRADITION
Zum kulturellen Vermächtnis des Konzerngründers gehört der Bambi-Preis für „Menschen mit Visionen und Kreativität". Bild: Catherine Deneuve und Yves Montand 1976 im „Bayerischen Hof"

1

2

1 DR. HUBERT BURDA, 1972
Im Verlag der Mutter Aenne wurden von „m", seiner Idee einer Zeitgeist-Zeitschrift für den Mann der 1970er Jahre, nur zwölf Ausgaben publiziert

2 CHRISTIAN DIENER
Der Art Director von hohem Ansehen zählte mit 32 Jahren schon zu den Älteren in der „m"-Redaktion. Doch das war kein Problem

3 ERSTAUSGABE „M" – DIE ZEITSCHRIFT FÜR DEN MANN, 1969
Ende August 1969 frisch auf dem Markt. Zwei Mark. Ende Juli 1970 schon am Ende

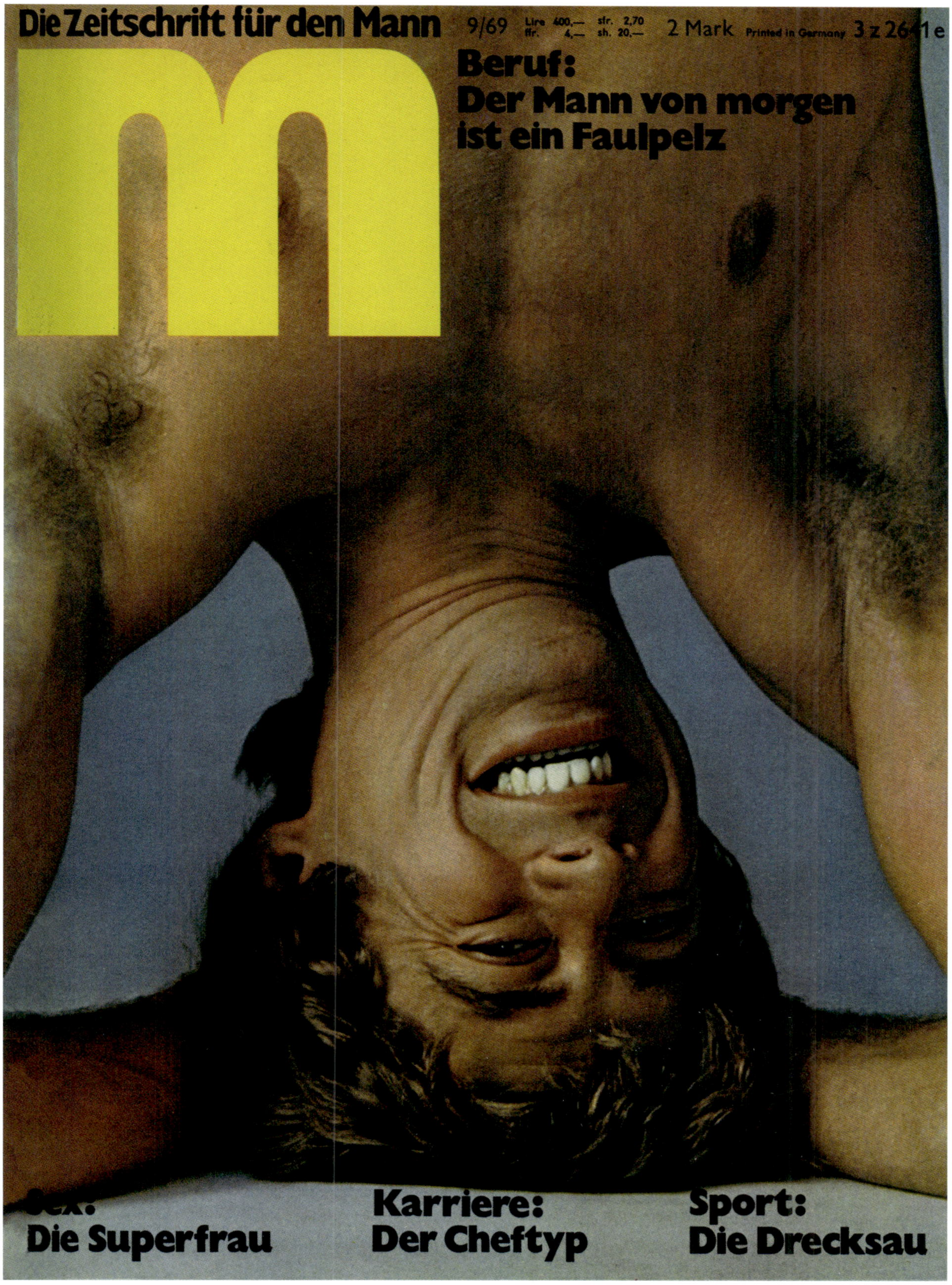

3

Erst verschwanden die Schafe. Dann leider auch „m“

Das wird kein Jahrzehnt für Herdenmenschen. So lautete die erste Prognose der progressiven „m“-Redaktion. Eine Doppelseite zeigte das Foto einer Schafherde aus großer Höhe – eine Meisterleistung ohne Drohne – mit den Zeilen „Die Schafe verschwinden – „m“ erscheint“. 125 Tage vor Beginn der 1970er Jahre. 2 Mark. 178 Seiten. Produktmanager: Dr. Hubert Burda. Auto der Stunde war der NSU Ro 80 mit rotierendem Wankelmotor. Merkel hieß ein Fußballtrainer aus Wien. Und über Sex, das prophezeite die Zeitschrift der Schickeria-Gesellschaft, wird niemand mehr sprechen, weil er selbstverständlich sein wird. Ein eigentlich harmloser Artikel über den täglichen Hass auf Deutschlands Straßen zwischen Fahrern der Marken BMW und Mercedes verletzte jedoch die Gefühle des Senators tief. Beide Unternehmen zählten zu seinen allerersten Anzeigenkunden. Nach 1.800 Seiten Intellektualität und Provokation senkte Dr. Franz Burda den Daumen.

1

1 **EINZUG DER BRD-MANNSCHAFT BEI DER ERÖFFNUNG, 1972**
424 Athletinnen und Athleten der Bundesrepublik gingen an den Start

2 **HEIDI SCHÜLLER UND DETLEF LEWE BEI DER ERÖFFNUNG**
Die 100-Meter-Hürdenläuferin sprach als erste Frau überhaupt den olympischen Eid. Der Kanute Detlef Lewe trug die deutsche Fahne

3 **EINZUG DER DDR-MANNSCHAFT**
Manfred Wolke (M), Box-Olympiasieger 1968, trägt die DDR-Fahne, hinter ihm läuft die DDR-Sportleitung mit den Funktionären (v.l.) Bernhard Orzechowski, Manfred Ewald, Rudi Hellmann (rechts hinter Wolke) und Helmut Behrendt

4 **EINZUG DER ISRAELISCHEN MANNSCHAFT**
Ein Gänsehautdokument vom 26. August 1972. Das Land entsandte 14 Athletinnen und Athleten. Die zwei Sportlerinnen wohnten im Frauendorf

„ … im ritterlichen Geist zum Ruhme des Sports und zur Ehre unserer Mannschaften.“

VERSPRECHEN IM OLYMPISCHEN EID

2

3

4

1

2

1 DIE DOLMETSCHERIN UND DER KRONPRINZ
In einem Münchner Nachtclub wurden Silvia Sommerlath und Carl Gustaf erstmals gemeinsam fotografiert. Die beiden konnten ihre Verbindung zwei Jahre geheim halten. 1973 wurde er König von Schweden

2 HOSTESSEN IM DIRNDL
Hunderte junge Frauen waren wie Silvia Sommerlath (Mitte) mehrere Wochen in den Diensten des Olympischen Komitees

3

4

6

3 BUNTE VOM 7. SEPTEMBER 1972
Die Jubelausgabe mit Heide Rosendahls Goldsprung wurde am 3. September gedruckt

4 ZWEI GOLDMÄDCHEN
Hildegard Falck besiegte die Weltelite im 800-Meter-Lauf. Ulrike Meyfarth holte zwölf Jahre später erneut Hochsprung-Gold

5 STADION-SPRECHER
Joachim „Blacky“ Fuchsberger verschwieg während der Abschlussfeier die Nachricht von zwei unbekannten Flugobjekten und verhütete womöglich eine Panik

6 ERÖFFNUNGSFEIER
Am 26. August 1972 war ganz München euphorisch

Carl Gustaf sah seine Silvia zuerst durch's Fernglas

Die Dolmetscherin Silvia Sommerlath aus Heidelberg arbeitete im Team des deutschen Olympiachefs Willi Daume. Während der Eröffnungsfeier betrachtete der schwedische Kronprinz Carl Gustaf sie per Fernglas, obwohl er nur wenige Meter von ihr entfernt platziert war. Der attraktiven Hostess blieb das nicht verborgen. Bei einem Cocktailempfang am Abend wurde sie durch einen Adjutanten des künftigen Königs zu einem privaten Essen gebeten. In einem Nachtclub fand dieses erste Treffen seine Fortsetzung. Carl Gustaf, damals 26 Jahre alt, hatte sehr früh, im Alter von neun Monaten, durch einen Flugzeugabsturz den Vater verloren. Seit 1950 war er der nächste in der Thronfolge. Dreieinhalb Jahre nach den Münchner Sommerspielen feierten der König von Schweden und seine künftige Königin offiziell Verlobung. Am Vorabend ihrer Hochzeit am 19. Juni 1972 in der Stockholmer Domkirche machte die schwedische Popgruppe ABBA dem royalen Paar ein besonderes Geschenk: die Uraufführung des Songs „Dancing Queen".

Siebentes Gold acht Stunden vor dem schwärzesten Tag

MARK SPITZ, 1972
SIEBEN MAL GOLD, SIEBEN WELTREKORDE
Unmittelbar nach München trat Mark Spitz mit 22 Jahren vom Sport zurück. Hinter ihm lagen 16 Jahre intensives Training

Montagabend um 19:45 Uhr gewann der amerikanische Schwimmer Mark Spitze, seine siebente Goldmedaille. Genau acht Stunden und 50 Minuten danach, am Dienstagmorgen des 5. September 1972, verloren die Olympischen Sommerspiele 1972 ihre Heiterkeit. Acht Mitglieder der palästinensischen Terrororganisation Schwarzer September drangen um 4:35 Uhr in das Gebäude Connollystraße 31 im olympischen Männerdorf ein und überfielen in einem Apartment die israelische Olympiamannschaft. Zwei Mitglieder der Delegation starben noch im Dorf tödlich verletzt, elf wurden als Geiseln genommen. Die Terroristen forderten die Freilassung von 232 Palästinensern aus israelischen Gefängnissen, sowie von Andreas Baader, Ulrike Meinhof und eines Terroristen mit japanischer Staatsbürgerschaft. Einige Quellen nennen eine Liste von sogar 328 Namen. Die Regierung Israels lehnte ab.

Während die Öffentlichkeit die dramatischen Ereignisse im Fernsehen verfolgte, wurden am Dienstagmorgen die Wettkämpfe zunächst mit Basketball und Boxen fortgesetzt und erst auf Grund von Einwänden einiger Athletinnen und Athleten gestoppt.

Bundesinnenminister Hans-Dietrich Genscher leitete einen Krisenstab. Um 20:06 Uhr bestiegen die Attentäter mit ihren gefesselten Geiseln in der Tiefgarage des Olympiadorfs einen Bus, der sie zu zwei Helikoptern des Bundesgrenzschutzes in der Nähe der Ausfahrt fuhr. Sie starteten um 22:18 Uhr zum Fliegerhorst Fürstenfeldbruck. Die Landung unter Flutlicht erfolgte um 22.29 Uhr. Jetzt erst wurde erkannt, dass es acht Terroristen waren und nicht wie vermutet fünf. Eine Boeing 727 mit laufenden Triebwerken stand bereit. Auf dem Dach des Flughafengebäudes und auf dem Rollfeld waren nur fünf Streifenpolizisten ohne Nachtsichtgeräte mit gewöhnlichen Sturmgewehren postiert. Die Münchner Polizei hatte damals moderne Scharfschützengewehre in ihren Beständen, jedoch es gab nicht ausgebildete Präzisionsschützen. Im Flugzeug sollten als Besatzung getarnte Streifenpolizisten mit Standarddienstpistolen warten. Sie beendeten eigenständig ihren Einsatz und brachten sich in Sicherheit. Zwei Terroristen inspizierten die Boeing. Um 22:38 Uhr gab der bayerische Innenminister den Befehl zum Schusswaffengebrauch. Die erste Salve der Polizisten ohne Funkkontakt miteinander und ohne Zielabsprache traf nur einen Terroristen. Drei Geiselnehmer erwiderten das Feuer. Erst jetzt, während des Schusswechsels, wurden gepanzerte Fahrzeuge angefordert. Wegen vieler Schaulustiger und des starken Verkehrs brauchten sie für die Anfahrt über eine Stunde. Erst ab Mitternacht konnte ihr Einsatz die Sicherheitskräfte unterstützen. Am Mittwochmorgen um 00.05 Uhr vermeldete der Sprecher der Bundesregierung Conrad Ahlers eine „glückliche und gut verlaufene Aktion". Zu dieser Zeit wurde immer noch geschossen. Offenbar angesichts der Panzerfahrzeuge schoss ein Terrorist um 00:10 Uhr im ersten Hubschrauber auf die fünf Geiseln, sprang dann aus der Maschine und warf eine Handgranate in den Helikopter. Die Geiseln starben, ebenso auch ihre Sportkameraden im zweiten Hubschrauber während des Kampfes. Fünf Terroristen wurden durch Polizeischüsse getötet. Drei wurden überwältigt. Erst um 01:32 Uhr wurde die Aktion beendet.
Um 02:40 Uhr trat der Olympia-Pressechef Hans Klein mit einer Horrorbilanz vor die Kameras.

OLYMPIAMASSAKER, 1972
Der Kommandoführer der Terroraktion nannte sich Issa und zeigte sich wiederholt auf dem Balkon des Apartments

OFFENE FRAGEN
Einen der zwei Hubschrauber des Bundesgrenzschutzes auf dem Gelände des Fliegerhorstes Fürstenfeldbruck setzte möglicherweise eine Phosphorgranate der Polizei in Brand

1

Erst das allererste WM-Spiel in München brachte das Happy End

2

3

1 **BUNTE-TITEL** Bundestrainer Helmut Schön räumte Stars wie Franz Beckenbauer Mitspracherechte ein, war damit erfolgreich und wurde aber als führungsschwach kritisiert

2 **SECHS KILO GOLD** Siegtorschütze Gerd Müller mit dem Original des seit 1974 neuen Pokals aus massivem Gold, über sechs Kilo schwer. Der DFB erhielt eine vergoldete Kopie

3 **WM-STOLZ, 1974** Rekordnationalspieler Franz Beckenbauer verließ im Frühjahr 1977 den FC Bayern München und absolvierte 109 Spiele für New York Cosmos

Sieben Spiele absolvierte die DFB-Elf im Rahmen der Fußball-Meisterschaft 1974 in Düsseldorf, Hamburg und Berlin und erfüllte als amtierender Europameister nicht von Anfang an die hohen Erwartungen. Die Italiener sollten für einen Sieg umgerechnet 120.000 Mark erhalten.
Der DFB bot während des Turniers seinen Spielern nur 30.000, und einige drohten mit Abreise. Gruppensieger in der ersten Runde wurde die DDR mit dem 1:0-Sieg im bisher einzigen Zusammentreffen der deutschen Mannschaften. Nach dieser Niederlage wurde laut Franz Beckenbauer in einer legendären Aussprache in der Sportschule Malente aus einem zerstrittenen Haufen eine Einheit. Das Endspiel am 7. Juli im Münchner Olympiastadion begann jedoch mit einem Schockmoment. Vom Anstoß weg kombinierten die Niederländer über 16 Stationen ohne einen einzigen deutschen Ballkontakt bis in den Strafraum. Uli Hoeneß brachte Johan Cruyff per Grätsche zu Fall, und nach 53 Sekunden entschied der britische Schiedsrichter auf Elfmeter. Paul Breitner ebenfalls per Foulelfmeter und Gerd Müller mit einer grandiosen Reaktion in halbliegender Position sicherten der Bundesrepublik Deutschland den zweiten Titel eines Fußballweltmeisters. Die Prämie wurde auf 60.000 plus VW-Käfercabrio aufgestockt. Zusätzlich durfte sich jeder Spieler die Zahlenfolge seines Kennzeichens „F-WM-“ auswählen. Die internationale Presse feierte Berti Vogts und Sepp Maier als die Waffen gegen Johan Cruyff. Zum Festbankett wurde den Spielerfrauen der Zutritt verwehrt. Die Plätze wurden für Funktionäre gebraucht.

Unvergessener Will Tremper

Wenn hier Will Tremper hervorgehoben wird, soll anderen großen Namen beim Rebranding der Marke BUNTE unter dem jungen Chefredakteur nichts von ihrer Bedeutung abgesprochen werden … jedoch der Autor, „Blattmacher“ und Regisseur aus Grünwald hatte in der Redaktion und für Dr. Hubert Burda selbst eine Sonderrolle. Typisch war bereits der allererste Kontakt per Telefon. Dr. Hubert Burda: „Herr Tremper, können wir vielleicht uns in einer halben Stunde in der Lobby vom Vier Jahreszeiten sehen?“ Will Tremper: „Dr. Burda, es ist Heiligabend und wir bescheren gerade unsere Kinder.“ Zusammen kamen sie dennoch – für eine starke Allianz zum Nutzen der BUNTE-Leserschaft. Die Serie zur Verlobung des Königs von Schweden mit seiner ehemaligen Hostess bei den Münchner Sommerspielen im Frühjahr 1976 war der erste große Beitrag in BUNTE mit Will Trempers Handschrift. Das ließen schon seine Überschriften erwarten wie „Carl Gustaf, kennst du deine Silvia?“ und „Silvia, kennst du deinen Carl Gustaf?“ und über die britische Königin Elizabeth II. zum 25. Thronjubiläum 1977 – „Wie eine Eiche im Sturmwind der Zeit“.

1

LEUTE

Regisseur und Autor Will Tremper feierte mit 99 Freunden seinen 50. Geburtstag

4 Zen
Gebur

Die 200 Kilo schwere Geburtstagstorte von Wiens Zuckerbäckerei Demel, die mi einem Gabelstapler angefahren wurde.

2

1 GLÜCKWÜNSCHE NACH DER BERUFUNG, 1976
Dr. Franz Burda begrüßt im Offenburger Burda-Hochhaus die neuen Stellvertreter seines Sohnes an der Spitze der BUNTEN: Kurt Kühne (im Bild rechts) für den Bereich Bild, W ll Tremper (links) für den Bereich Text

2 ANERKENNUNG VOM GESELLSCHAFTSREPORTER
Zu Will Trempers 50. Geburtstag mit einer Torte aus der früheren Wiener Kaiser-Hofbäckerei Demel kamen 99 Gratulantinnen und Gratulanten

Michael Graeter

AZ München
Sendlinger Str. 79

Telefon:
(089) 23 77 372

er Zucker für das stagskind

Gerhard Bronner, der Poet am Flügel aus Wien, spielte das altbekannte Lied „Und der Haifisch, er hat Zähne . . .“ und sang dazu inen neuen Text: „Und so manche ind im Dunkeln, Tremper bringt ie gern ans Licht, zwar die Welt vird nicht viel besser, doch die eitung hat a Gschicht.“ Oder: Ist's ein großes Feuer in Soho oder ackelt wo ein Thron, er bechreibt's und plötzlich wird der ineff Sensation.“ Der auf einer peisekarte umgearbeitete **recht**-Song galt **Will Tremper**, egisseur („Die Halbstarken“), utor („Das Tall-Komplott“) und ournalist („Deutschland deine ternchen“, „Jasmin“, „Bunte“), er gestern 50 Jahre alt wurde.

In der urigen Waldgaststätte Forsthaus Wörnbrunn“ (Chef: **lfred Pongratz**) am Stadtrand on München feierten Wills 99 reunde, „Leute von heute“, den inden Geburtstag fast 12 Stunen lang.

Gerhard Bronner (Hit: „Der Paa wird's schon richten“) war nicht er einzige Wien-Import. „Bun-“-Chefredakteur **Dr. Hubert urda** ließ von der berühmten

0. September 1978

K.u.K.-Hofzuckerbäckerei Chr. emel“ (Chef: **Serge Kirchhofer**) ne 400 Pfund schwere Geburtsgstorte in der Größe des Jubilars ,76 Zentimeter) anfahren.

Im herrlichsten Jugendstilitsch hielt Kirchhofer die wichgsten Tremper-Merkmale aus chokolade, Creme, Zucker, Marpan und Nougat fest und krönte en 10 000-Mark-Kuchen mit dem randenburger Tor, wobei er die uadriga gegen den Kopf eines Hilton“-Hotelpagen ersetzte.

Obwohl der Kuchen zu schön m Essen war, machte Will nicht viel Federlesens und schnitt ihn einfach an. Für Tremper-Gast **Vera Kalman** war das ein Zeichen zum totalen Zugriff. Sie sicherte sich im erotischen Teil der „Demel“-Torte komplett ein 20 Zentimeter großes liebendes Paar aus Marzipan, dem sie sofort herzhaft die Beine abbiß.

Ehefrau **Celia Tremper**, zum Geburtstag in einer fliederfarbenen, handgestickten Seidenkombination von **Emmanuelle Khanh** erschienen, mußte sich gestern für das süße Mammut-Präsent eine riesige Tiefkühltruhe kaufen, um die übriggebliebenen 800 Portionen Kuchen unterzubringen.

Zu vorgerückter Stunde griff Theaterliebling **Harald Leipnitz** zur Gitarre. Zuvor hatte sich „Klimbim“-Star **Elisabeth Volkmann** sehr „vampy“ gegeben. Sie sang Operettenlieder, räkelte sich leichtgeschürzt auf dem Piano und hob das Bein bis zum geht nicht mehr . . .

Unter den Gästen: Städteplaner **Professor Albert Speer** (baut derzeit ein Diplomatenviertel in Saudi-Arabien), Autor **Wolfgang Menge**, Medien-Manager **Josef von Ferenczy** mit Frau **Katharina**, Maler **Padua** mit Frau, die Regisseure **Geza von Cziffra** mit Frau **Sieglinde, Georg Tressler** und **Georg Marischka**, Malerin **Marlene Neckermann, Heinz** und **Ute Kunze-Just** („Ehen vor Gerich“), **Rolf Gillhausen** („Stern“), die Verleger **Dr. Herbert Fleissner** mit Frau **Gisela** und **Georg Lenz** mit Frau **Mischa**, Ski-Gymnastiklehrer **Manfred Vorderwühlbecke**, Fox-Chef **Hellmut Gattinger**, „Freundin“-Chefredakteur **Hasso Stachow, Graf** und **Gräfin Einsiedel**, „Maja“-Modehaus-Chefin **Maja Schulze-Lackner** mit Ehemann **Klaus, Christiane Klühspies** („St. Germain“), Psychologin **Gisela Bree, Franz Spelman** („Playboy“) mit „second hand shop“-Lady **Monica Arens**, Fallschirmspringerin **Leora Shilow**, „Weltbild“-Vize-Chefredakteur **Johannes Leeb** mit Ehefrau **Helga** (Autorin des Buches „Ein altes Haus und lauter nette Leute“).

„Bunte“-Chef Dr. Hubert Burda (r.) zählte zu den 99 Freunden, die Regisseur, Autor und Journalist Will Tremper gestern zum 50. Geburtstag gratulierten. Dahinter Celia Tremper und Schauspieler Harald Leipnitz.

Die Film-, Mode-, Kunstwelt feiert sich und ihre Stars. München entwickelt sich zur City of High-Fidelity

Mitte der Siebzigerjahre arbeitet Hubert Burda in der Chefredaktion von BUNTE. Die Wochenenden verbringt er in München, die Werktage in Offenburg. Ein hektisches Leben, ein immer „Auf-Achse-Sein“ setzt ein. Die Wege von Christa und Hubert hatten sich getrennt. Aber die Parterre-Wohnung in der Schackstraße mit Vorgarten und imposantem Blick auf das Siegestor verwandelte sich in einen hoch geschätzten Treffpunkt der Münchner und westdeutschen Gesellschaft: Menschen, die in BUNTE erwähnt sein wollten, oder Künstler, Filmer und linke Salonintellektuelle, die um die Deutung des Zeitgeistes konkurrierten. Unerwartete Begegnungen zu stiften, Menschen aus entfernten Lebensbereichen aufeinandertreffen zu lassen, das war Hubert Burdas Ansporn. Eine Art praktische Soziologie, Journalismus live! Mit seinen engsten Freunden gründete er hier den Petrarca-Preis (1974).

1

LEUTE

Burdas Münchn
Hollywood-Altm

Zu Ehren von **Billy Wilder,** der seit vielen Wochen in Geiselgasteig, von der Öffentlichkeit unbemerkt, eine Acht-Millionen-Dollar-Produktion dreht, gab **Dr. Hubert Burda** in seinem Münchner Junggesellenparadies am Siegestor ein Essen im Grünen für Altmeister und seine St darunter **Hildegard Knef, W liam Holden** und **José Ferr** Optisch war es wie **Go** „Sommergäste“: Unter gel Sonnenschirmen, umgeben vier herrlichen italienisc Bambusparavents, hatte Bu

Auf dem Weg zu Burdas Garten-Party: Hildegard Knef mit Ehem Paul von Schell.

2

1 VOR DER BEGRÜSSUNG DER PARTYGÄSTE
Huberts forderndes Gesellschaftsleben gelang nur, weil ihm Freundinnen zur Seite standen. Eine wichtige Rolle erfüllte Mucki Göhner aus seiner Offenburger Heimat

2 MÜNCHENS PARTY-KOLUMNIST
Im Jahr 1970 wurde Michael Graeter bei der Abendzeitung „Leute-Kolumnist“. Helmut Dietl setzte ihm in „Kir Royal“ ein filmisches Denkmal

r Garten-Party für ister Billy Wilder

30 Freunde an sechs Tischen versammelt. Sie aßen in einen Zwiebel-Kapern-Dill-Sud eingelegte rohe Forellenfilets mit Kaviar, der vielleicht eine Winzigkeit zu hart war, dazwischen eine köstliche Consommé froid, danach Hühnerbrüstchen auf Trüffel und frische Walderdbeeren und Himbeeren - eine Meisterleistung von **Giorgio Streller** (nicht **Strehler),** der mit seinem jungen Partyservice für sehr exklusive Dinner immer mehr von sich reden macht. Dazu gab es Franzensberger Weißwein vom Burda-Weingut in Offenburg und 1969er Dom Perignon.

Der etwas übernächtigte Gastgeber und „Bunte"-Chefredakteur (um drei Uhr früh becherte er noch auf dem Bonner Sommerfest mit Kanzler

4. Juli 1977

Schmidt) saß zwischen der schönen **Audrey Wilder** und einer **Hildegard Knef,** die sich wieder einmal zu Tode schuftet: neben der Filmarbeit schreibt sie an einem Buch über Parapsychologie, das die „Bunte" demnächst vorabdruckt. Am selben Tisch AZ-Herausgeberin **Anneliese Friedmann** und **Paul von Schell.**

An den anderen Tischen:

● Billy Wilder, der mir versicherte, außer **Helmut Berger** gäbe es keine interessanten Frauen mehr. **Will Tremper** bot er das „Du" an, als der ihm die Gelegenheit verschaffte, zum Dessert die Übertragung der Tennismeisterschaften aus Wimbledon anzusehen.

● **William Holden** („Network") erzählte, daß er vor zwei Wochen seinen Besitz in Kenia verkauft habe und endgültig nach Palm Springs umgesiedelt sei, wo er sich als „Tree Rancher", eine Art Baumschulbesitzer, betätigt.

● **Willy Bogner,** als James-Bond-Skidouble die Sensation der Trade-Shows auf den Berliner Filmfestspielen, will sein Penthouse am Herzogpark aufgeben und sucht eine Villa in Bogenhausen.

● **Lisa Kreuzer** („Der amerikanische Freund"), Freundin des Münchner Regisseurs **Wim Wenders,** trug Blue jeans und einen kleinen roten Sowjetstern um den Hals.

Ferner gesichtet: **I. A. L. Diamond** (Wilders berühmter Drehbuchautor) und Frau Rank-Xerox-Chef **Albert Greiner,** Münchens schönste Anwältin **Susanne Burmester,** Wilders Filmarchitekt **Alexandre Trauner** und Frau, Medienmanager **Josef von Ferenczy** (der sich vergeblich mit Paul von Schell auf ungarisch zu unterhalten versuchte), **Celia Tremper,** die Burda-Freundinnen **Mucki Göhner, Christiane Winkhaus** und **Sabine Knust, Michael Krüger** (Hanser-Verlag), Regisseur **Wim Wenders, Sonja Bogner,** Herrenausstatter **Harry Lindmeyer** mit **Doris Brugger,** Broadway-Star **Frances Sternhagen** („Equus") und **Herold Nebenzahl** mit Frau.

Hollywood-Altmeister Billy Wilder (rechts) und Gastgeber Dr. Hubert Burda.

Die Welt war neugierig auf die heimliche Hauptstadt

LEUTE

Schlaraffenland i

Musketier-Fest mit Hummern, Krebsen

Man aß mit Händen und Füßen. Die meisten Gäste kauerten und kauten auf Fellen und Kissen. Von der Decke hingen Trauben, Artischoken und Knoblauchzehen herab, auf der zehn Meter langen Tafel lagen in berstender Fülle: Hummer (60 Stück), Krebse (300 Stück), zwei Zentner Muscheln, 400 Belon-Austern, 100 Hühnerschenkel, 40 Pfund Spanferkel, 50 Pfund Kalbshaxn, 70 Pfund Rostbeef, 30 Pfund Rehrücken, 50 Pfund Rinderfilet, 20 Pfund Lachs und 30 Pfund Käse (insgesamt 27 verschiedene Sorten). Eine „Freßorgie à la 18. Jahrhundert", die am Wochenende im Restaurant „La Cave" (Besitzer: **Eberhard „Ebsch" Rüsch)** stattfand.

Tische und Stühle waren für diesen Abend (Unkostenbeitrag 50 Mark pro Kopf) ausgeräumt worden, um dem „Gelage der Bacchanten" – so das

Motto … raum z … im Sc … habe …

1. F

die le … einem … Siebe … der Hi … – unsic … volle … hüllten … sterma … 60 Fl … Liter … ky u … getrun …

Zu … halbe … Israel … Pfund … rika). … zufrie … konnt … mann …

Au … Appe … streif … Freßs … Oska … film … Bett … rama … **Diete** … den … gestel … Kostü … Er ko … ein pa … Auf d … auch … **ger j** … zichte … Strei … kullu …

Da … mehr … **henzo** …

Lotti Ohnesorge mit „La Cave"-Chef Ebsch.

Hubert Burda, Eva Maria Bohn und Willy Bogner jr. (v. l.).

1

Warum die Schickeria so bezeichnet wurde, interessierte in den 1970er Jahren niemanden, alles andere aber schon. Vor allem weil sie in München zuhause war. Gregor von Rezzori, Autor des Grünwalder Medienmanagers Josef von Ferenczy, formte dieses Kunstwort aus dem italienischen sciccheria, schick, und dem jüdischen schickern, sich betrinken. Der Begriff war nie so spöttisch gemeint wie Bussi-Gesellschaft, wobei die gleichzeitig vertraute wie flüchtige Begrüßung mit angedeutetem Kuss an die Wange bei gespitztem Mund sehr praktisch war, wenn die Beteiligten häufig vergessen hatten, wie die oder der Andere heißt.

Auch das „Wichtig-sein-Wollen und Schön-sein-Wollen" gehörten dazu: „Die Schickeria will nicht, darf nicht unter sich bleiben, sondern muss die Gesellschaft anderer suchen, nämlich die von noch Höheren, Reicheren, Mächtigeren. Der Schickeria wohnt ein unstillbarer Expansionsdrang inne." (Gregor von Rezzori, Geo Special, 1984). Auch aus diesem Grund wurden Klatschreporter nirgendwo so wichtig genommen wie in der bayerischen Landeshauptstadt.

Die Olympischen Sommerspiele hatten für die Schönen, Reichen und Kreativen der westlichen Welt München sprunghaft begehrenswert gemacht.

Das Fernsehen entdeckte die Isarstadt als Tatort. In 97 Folgen von „Der Kommissar" befasste sich das ZDF fortschrittlich mit sozialen Fragen der Zeit, von denen auch München und seine Umgebung nicht verschont blieben: zum Beispiel Generationenkonflikte und Aufkommen der Drogenszene. Gedreht wurde bis zuletzt trotz Farbfernsehens in Schwarz-Weiß. Aus heutiger Sicht bemerkenswert ist der hohe Konsum von Alkohol und Tabak vor der Kamera. Aber auch das machte die Attraktivität von München aus.

1 **VERKLEIDET IM SCHLARAFFENLAND**
Rauschende Themenabende mit Champagner zur Kalbshaxn gab es nur im München der 1970erJahre

2 **KRIMI-ELITE AUF DER WIES'N**
Horst Tappert, „Derrick", Erich Ode, „Der Kommissar", ihr gemeinsamer Produzent Helmut Ringelmann und Siegfried Lowitz, „Der Alte" (v. l.)

3 **FILMEMACHER WERNER HERZOG**
Der Münchner besetzte fünf Hauptrollen mit Klaus Kinski

4 **MUSIK TRIFFT TEXT, 1971**
Abi Ofarim mit der von ihm entdeckten Sängerin Susan Aviles bei einer Lesung von Peter Handke

5 **RUDOLPH MOSHAMMER MIT MARES SCHAEFFERS, 1976**
Ihre Hochzeit nach buddhistischem Ritual in Thailand blieb lange ein Geheimnis

2

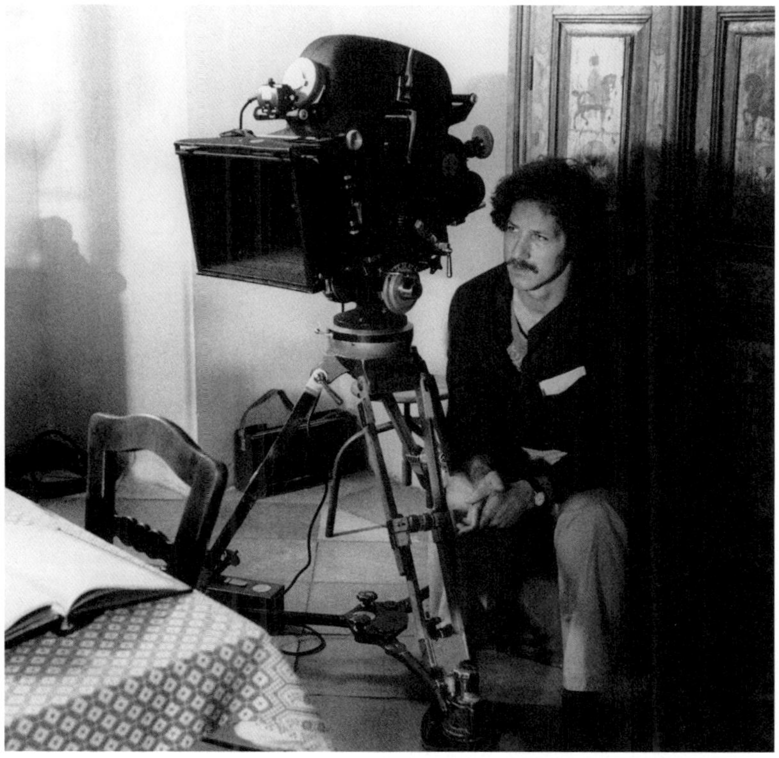

3

4

5

Die Gegensätze im Szeneviertel Schwabing brachte von März bis Mai 1983 die zehnteilige Serie „Monaco Franze“ auf die westdeutschen Bildschirme. Im Mittelpunkt das Urgewächs Franz Münchinger, Kriminalkommissar und Frauenheld, dargestellt von Helmut Fischer, und seine aus besseren Kreisen stammende und zur Schickeria gehörende Ehefrau Annette von Soettingen, dargestellt von Ruth-Maria Kubitschek. Die Lebenseinstellung „Ein bissel was geht immer“ konnte glaubhaft nur aus München kommen. Sozialwissenschaftler schätzten den engeren Kreis der Münchner Oberschicht auf etwa 120 Personen. Das genügte für den heimlichen Anspruch, in der eigentlichen Hauptstadt zu wohnen. Nach und nach zogen Künstler, Starfriseure und andere Freischaffende wegen der billigeren Altbauwohnungen in zentraler Lage in das Glockenbachviertel, das heute das am dichtesten besiedelte Wohnviertel mit deutlich angehobenem Mietniveau ist, wobei genügend Raum für Kneipen und Restaurants blieb. Während dieses Viertel im heutigen Stadtbezirk Ludwigsvorstadt-Isarvorstadt inzwischen wegen der vielen jungen Leute durch Babyboom positiv auffällt, lebten damals dort die wenigsten Kinder. Gleichzeitig war es das Zentrum des Nachtlebens mit Kunstaktionen, Straßenfesten und Vernissagen, stark von der queeren Bewegung geprägt und mit Leben erfüllt.

Donna, Elton, Falco, Freddie, Marius, Mick und Udo produzierten Hits im Arabellapark

1

1 MUSICLAND STUDIOS
Im Untergeschoss des Arabella-Hochhauses erfand der Südtiroler Giorgio Moroder mit Donna Summer den Euro-Disco-Sound

2 GIORGIO MORODER IM EIGENEN TONSTUDIO
Der Komponist und Produzent gewann in den 1970er und 1980er Jahren auch mit Musik aus München seine mehr als 100 Auszeichnungen in Platin und Gold

3 MIT DER U4 KAM DAS AUS
Die Trasse der neuen U-Bahn wurde wenige Meter hinter der Studiowand vorbeigeführt

2

3

In den Musicland Studios im Arabella-Hochhaus entstanden Dutzende Alben, von denen einige legendär wurden. Mehr als 50 Bands setzten auf Musik aus Bogenhausen. Einziger Missklang waren am Ende Vibrationen der neuen U-Bahn. Die wichtigsten Namen: Amanda Lee, BAP, Deep Purple, Donna Summer, Elton John, Falco, Led Zeppelin, Marius Müller-Westernhagen, Udo Jürgens, Meat Loaf, Queen, Rory Gallagher, The Rolling Stones, Scorpions und Freddie Mercury.

Queen's Leadsänger hatte auch persönliche Gründe: Ohne viel Aufsehen fand er in der LGBT-Szene im und ums Glockenbachviertel seine Idee vom Leben aus Sex, Drugs und Musik. Historiker führen eine Liste von zehn Bars, Clubs und Saunas, darunter „Old Mrs. Henderson" und „Deutsche Einheit". Mit Leibwächter und Koch zog er bei Barbara Valentin in der Maximilianstraße ein. Die für ihn persönlich wichtige österreichisch-deutsche Schauspielerin fehlt in „Bohemian Rhapsody", ebenso seine beste Zeit in München.

4

4 **THE ROLLING STONES: IT‘S ONLY’ROCKN’ROLL, 1974**
„THROUGH THE LONELY NIGHT” war die erste von zwei Produktionen in Bogenhausen

„Bildende Kunst, Literatur, Musik, Lebensart…, damit wurde ich genauso groß wie mit dem Geruch von Druckerfarbe und dem Lärm von den Maschinenhallen.“

DR. HUBERT BURDA über den Einfluss aus dem Elternhaus

1

1 MICK JAGGER, 1974
Mit Uschi Obermaier im „La Cave"

2 BARCHEFIN MECKY
Mecky York kam mit 23 nach München, und schnell wurde das „La Cave" ohne sie unvorstellbar

3 IRIS BERBEN MIT FREUND SERGIO COSMAI
Die schlanke Frau an der Seite des Nachtclubchefs war bereits alleinerziehende Mutter

4 IKE & TINA TURNER IM LA CAVE, 1975
Party zu Tinas 36. Geburtstag am 26. November. Manager Gerhard Augustin liest vor, was die Küche zu bieten hat

5 SAMMY DAVIS JR. MIT TINA
Der Unterhaltungskünstler war häufig Stargast in der Las Vegas-Show von Ike & Tina und kam eigens wegen der Geburtstagsparty nach München. Links Tina, rechts „The Ikette"-Sängerin Yolanda Goodwin

2

3

La Cave

Die Schönen und Reichen waren im Keller noch stolzer. Das „La Cave“ im Untergeschoss des Gebäudes Maximilianstraße 25 neben dem „Vier Jahreszeiten“ war ab den frühen 1970er Jahren die trendigste Adresse. Der Betreiber Eberhard „Ebsch“ Rüsch installierte einen Gag, der nirgendwohin besser passte als nach München. Nach Klingeln und Sprechkontakt kam im Glücksfall der Aufzug hoch, der nur im Keller gesteuert werden konnte. Alles drehte sich um die Fragen: Wer ist drin? Wer ist in? Eine beliebte Regel betraf den Wodkakonsum. Nach sechs Flaschen ging die siebente aufs Haus.

Schauspieler, Industrielle, Musiker, Sportler, Scheidungsanwälte und Adelige auf dem Höhepunkt ihrer Berühmtheit scheuten erstaunlicherweise nicht davor zurück, in der Abendzeitung als Teilnehmer an Verkleidungsfesten wie einer „Fressorgie à la 18. Jahrhundert!“ oder bei einem „Gelage der Bacchanten“ genannt und abgelichtet zu werden. Zaubertränke gab es nicht nur an den Nächten unter dem Motto „Asterix und Obelix“. Der Unkostenbeitrag allein für die jeweilige Dekoration betrug 50 Mark. Schulter an Schulter drängten sich Gunter Sachs, Tom Jones, Mick Jagger, Günter Netzer, Telly Savalas, Willy Bogner, Uli Hoeneß und Paul Breitner mit dem halben FC Bayern München. Berühmt genug für die Bussigesellschaft war auch die blutjunge Moderatorin des Bayerischen Rundfunk Charlotte „Lotti“ Ohnesorge, von der es nicht ein Bikinifoto gab, obwohl sie sich „das leisten könnte“. Im Radio ließ sie mit ihrer Stimme „Sex in toxischer Dosierung ins Ohr träufeln“ (Martin Morlock) und wünschte am Ende ihrer Sendung „Ganz unter uns bei leichter Musik“ in zwölf Sprachen gute Nacht. Eine Bestimmung des Münchner Gewerbeamts reduzierte ihre Sonntagsauftritte auf höchstens zwei pro Monat – ein Gewinn für die Gäste des „La Cave“, wo auch Lottis grüne Augen zur Geltung kamen.

4

5

Schräg gegenüber arbeitete Helmut Dietl als Regieassistent in den „Kammerspielen“. Kulturkritiker waren sich nach der Ausstrahlung seiner Fernsehserien „Monaco Franze“ und „Kir Royal“ einig: Die Ursubstanz seiner Milieustudien hat er im „La Cave“ eingesogen.

Gefallen an der Schickeria und an der bayerischen Landeshauptstadt insgesamt fand Tina Turner bei einer Geburtstagsfeier im Promikeller in der Maximilianstraße. Als später die großen Plattenfirmen die Fünfundvierzigjährige als einen kaum vermarktbaren Altstar einstuften, dankte das Münchner Publikum ihr frenetisch die Darbietung des Welthits „We Don't Need Another Hero“ in mehreren Open-Air-Auftritten. Auch die Europatournee mit „We are the World“ erlebte den Höhepunkt in München.

Die Barchefin Mecky des „La Cave“ war aus Hamm, Westfalen, zugewandert und wurde eines der charmantesten Gesichter der blau-weißen Society. Sie heiratete 1977 den Drummer Pete „the Beat“ York, einen Gründervater der Beatmusik, und erinnerte sich später: „Gewundert habe ich mich beim Zustand der Leute nur, wie sie am nächsten Tag wieder frisch zur Arbeit gehen konnten.“

Tatsächlich hatten die allermeisten der V.I.P.s, der Schickis und des Jetsets ihren 1A-Status erst durch harte Leistung erringen müssen. Selbst ein Stammgast wie Johannes Prinz von Thurn und Taxis, der von der Klatschpresse traditionell als Fürst geführt wurde, war tagsüber ein engagierter Unternehmer in der Forstwirtschaft und im Brauereiwesen.

High Society in der Haifischdisco

Dass München als Fackel der Popkultur in den 1970er Jahren in einem Atemzug mit New York, London und Paris genannt wurde, verdankte die bayerische Landeshauptstadt dem „Yellow Submarine“ in der Leopoldstraße 194. Der Name stammte von dem Song der Beatles aus dem Jahr 1968. Der Eintritt in den Club, halb U-Boot, halb Schiff mit Reling und gelben Ledersitzen, war die sechs Mark wert. Ein offener neun Meter hoher Raum war wie eine Taucherglocke von einem dreistöckigen Aquarium umgeben. Durch Bullaugen und hinter Panzerglas waren einige Riesenschildkröten und 36 Haifische aus dem Golf von Mexiko zu sehen. In 650.000 Liter Meerwasser schwammen bis zu 1,80 Meter lange Exemplare. Das tägliche Futter kostete mehr als 500 Mark. Das „Yellow Submarine“ wurde zwei Jahre später durch das Freizeitzentrum Schwabylon erweitert. Bauherr war Deutschlands größter Händler von Mähdreschern und Ackerschleppern. Das Ladenzentrum war eine völlige Fehlinvestition. Den letzten Geschäften im Schwabylon wurde schon nach 14 Monaten wieder gekündigt. Der Abriss der „Freizeitstadt“ mit stilisierter Sonne auf der Fassade im Jahr 1979 gilt als städteplanerischer Fehler.

1 DAS „YELLOW SUBMARINE“, 1971
...war sofort nach der Eröffnung im April 1971 der Place-to-be

1

2 **YELLOW SUBMARINE**
Hai hinterm Panzerglas, Haiflossensuppe
und gegrillter Hai auf der Speisekarte

3 **YELLOW SUBMARINE**
Die Münchner nannten den ikonischen
Nachtklub „Haifischdisco“

4 **YELLOW SUBMARINE**
Das In-Lokal wurde europaweit bewundert, aber
für einige war es der mit Abstand gruseligste Nightclub

2

3

4

1

2

3

4

1 **RAINER WERNER FASSBINDER, 1981**
Mit Mario Adorf und Barbara Sukowa, den Stars seines kritischen Deutschlandfilms „Lola"

2 **CHRONIST DER SCHICKERIA**
Für Helmut Dietl war Liebe die treibende Kraft. Zweite von vier Ehefrauen war Barbara Valentin, 1976 bis 1983

3 **ZWEI BAMBI-SIEGER, 1978**
Mario Adorf (bester Filmschauspieler), Peter Handke (Buch, Regie) im „Bayerischen Hof"

4 **THEA UND THOMAS**
Das Ehepaar Gottschalk in „Supernasen": Nebenrolle für sie, Hauptrolle für ihn

5 FREDDIE MERCURY – QUEEN-KONZERT, 1986
Im Glockenbachviertel hatte der „Queen“-Frontmann sechs Jahre lang eine Wohnung

5

Kreative Freunde

„Kunst und Künstler waren bei meinen Eltern immer präsent. Beide prägten mich auf ihre Weise."

DR. HUBERT BURDA über den Einfluss aus dem Elternhaus

HUBERT BURDA UND ANDY WARHOL, 1973
Die Polaroidkamera für Sofortbilder immer griffbereit: Schnappschuss mit Oberkellner Salvatore vor dem Familiensitz

RAINER WERNER FASSBINDER UND BARBARA VALENTIN, 1980
Bei der Wohltätigkeitsgala „Stars in der Manege" im Zirkus Krone

TV-SERIE MÜNCHNER GESCHICHTEN, 1974
Günther Maria Halmer als „Tscharlie", Frithjof Vierock und Towje Kleiner verteidigten die Altstadt gegen Sanierung und Gentrifizierung

Erfunden, aber wahr: Ois Chicago!

Die Gesichter der Stadt prägten bundesweit Film und Fernsehen. In den „Münchner Geschichten" zeigte Helmut Dietl mit 100 Publikumslieblingen und der dichterischen Freiheit eines Chronisten allen Ahnungslosen außerhalb der bayerischen Landeshauptstadt das kleinbürgerliche Milieu im Lehel und seine komödiantisch-dramatische Auseinandersetzung mit der Schickeria. Aussprüche wie „Ois Chicago", „Logisch" und „Sowieso" errangen Kultstatus. Die Münchner Hausfrau Dorit Lilowa siegte im Wettbewerb um einen Werbeslogan mit den vier Worten „München – Weltstadt mit Herz". Die Landeshauptstadt hat dieses Versprechen von 1962 bis 2005 für ihr Stadtmarketing eingesetzt. Viele Künstlerinnen, Künstler und andere Intellektuelle haben das persönlich vorgelebt. Beispiel: Über 1.000 Prominente traten von 1959 bis 2008 im Zirkus Krone als „Stars in der Manege" für Charity auf und ein. Die Einnahmen kamen anfangs älteren Kunstschaffenden und Medienleuten zugute, später überwiegend Kindern in Not.

Weltstadt mit Herz: Geliebte Gesichter, gebende Hände

IM FREIZEITLOOK, 1978
So ungezwungen und ganz privat sahen den Chefredakteur und Verleger Dr. Hubert Burda vor allem Gefährtinnen und Wegbegleiter der Münchner Szene

Der Petrarca-Preis: An Lebensstationen Petrarcas feierten Dichter und Freunde eine neue Renaissance der Lyrik

„Über den Anfang eines Preises, der eine gewisse öffentliche Wirkung gehabt hat, existieren viele Legenden. Aber ich glaube, es war Hubert Burda allein, dem die Idee zu danken ist, für einen Zeitraum von zunächst fünf Jahren einen Petrarca-Preis für Lyrik zu verleihen, den er auch großzügig finanzieren wollte. Für diese Variante spricht, dass schon wenige Monate später die erste Jury tagte: Nicolas Born, Bazon Brock, Peter Handke, Urs Widmer und ich; und ebenso, dass wir im Juni 1975 bereits den ersten Preis vergeben konnten, auf dem steinigen, tatsächlich windumtosten Mont Ventoux: Er ging – posthum – an den im April ums Leben gekommenen Dichter Rolf Dieter Brinkmann, dessen Gedichtband „Westwärts 1 & 2“ wir uns gegenseitig mit Begeisterung vorgelesen hatten. Brinkmann, der manchmal bis zum Selbsthass aggressive, dann wieder unglaublich zarte Künstler, war der erste in der Reihe von Dichtern, die wir uns als ideale Weggenossen für unsere Reise vorgestellt haben. An einer windgeschützten Stelle las Born den Mitgereisten das Gedicht „Nach Shakespeare“ vor, Peter Handke hielt die Laudatio und Bazon Brock überreichte später in einem versteckten Restaurant inmitten blauer Lavendelfelder den Lorbeerkranz stellvertretend an Rolf Dieter Brinkmanns Frau Maleen.“

Aus Michael Krügers Vorwort „Zweite Woche Juni“, in „Im Garten der Dichter – der Petrarca-Preis“, Isolde Ohlbaum, München 1997

PETRARCA-PREIS 1975
Die Petrarca-Reisegesellschaft beim Anstieg zum Gipfel des Mont Ventoux, den Petrarca im 13. Jahrhundert als junger Mann bestiegen haben will

„Einmal im Jahr, fast regelmäßig, treffen sich ein paar verstreute Ich, Du, Er, Sie und ES und werden zur episodischen Gruppe, um ein Fest zu feiern, das Petrarca-Preis heißt, und nicht immer, aber immer wieder ist solch eine seltene Festlichkeit dann auch gelungen …“

PETER HANDKE, „Im Garten der Dichter – Der Petrarca-Preis“, Isolde Ohlbaum, 1997

AUF DEM MONT VENTOUX, 1975
Bazon Brock und Michael Krüger (r.)
mit den Porträts von Francesco Petrarca
und dem ersten Petrarca-Preisträger
Rolf Dieter Brinkmann

UMRINGT VON REPORTERN
Nicolas Born (1937–1979) hält die Laudatio
auf Rolf Dieter Brinkmann (1940–1975)

ZWEI FREUNDE
Peter Handke liest, Hubert Burda hört zu

„BUNTE“ in München, der Arabellapark, das People-Magazin und Burda als europäisches Verlagshaus

Die Chefredaktion der Illustrierten „Bunte“ war Ende der 70er-Jahre von Franz Burda an seinen Sohn Hubert übergeben worden. Den trieb die Überzeugung um: Sollte „Bunte“ zu einer in der ganzen Bundesrepublik beachteten Zeitschrift ausgebaut werden, dann musste die Redaktion von Offenburg in eine Großstadt umziehen, Stuttgart etwa oder München. Nur so könne man die begabtesten Journalisten für das Blatt gewinnen und sie auch halten. Und Franz Burda meinte damals zu Stuttgart: „Nein, bis Du von der Autobahn in den Stuttgarter Kessel runterkommst, kannst Du lieber gleich nach München fahren.“ Die Entscheidung für die Isarstadt!

München Anfang der 80er-Jahre verlor keineswegs an Attraktivität. Wegen des stetigen Zuzugs mussten neue Quartiere erschlossen werden. Besondere Aufmerksamkeit fand im Nordosten Münchens das seit 1965 ausgewiesene Areal „Arabellapark“. Der Bauunternehmer Josef Schörghuber, der vom Schreiner bis zum erfolgreichsten Bauunternehmer Bayerns aufgestiegen war, hatte ein Neubauviertel mit Wohn-, Büro- und Ladennutzung, mit Hochhäusern und Einfamilienhäusern errichtet. Er konnte Burda den Plan eines für Redaktionen geeigneten Gebäudes anbieten. An Ostern 1982 verkündete Hubert Burda in Offenburg, „dass wir im Herbst des folgenden Jahres nach München umziehen werden“. Tatsächlich wurde der Termin eingehalten. Man kam mit 104 Mitarbeitern aus Offenburg, aber schon bald waren es über 1000.

Burda im Arabellapark wuchs und wuchs. Neben „Bunte“ versammelten sich auch die Redaktionen von „freundin“, „Bild+Funk“, „Meine Familie & ich“ dort, „Das Haus“ und „Pan“ stießen von Offenburg dazu. Neue Titel wie „Elle Deutschland“ und „Forbes Deutschland“ erweiterten Burda zum europäischen und international präsenten Verlag. Niemand konnte den neuen Anspruch besser darstellen als Andy Warhol, der die Collagen im Eingang des Hauses Arabellastraße 23 schuf – eine Hommage an München und die „Bunte“.

Und was hatte München davon? Mit „Burda“ wurde die Stadt zum bedeutenden Medienstandort der Bundesrepublik, zu einem Konkurrenten der Medienstadt Hamburg. Stets prägen Städte die in ihnen entworfenen und realisierten Magazine, umgekehrt setzen Magazin-Redaktionen die Trends in der Stadt, in der sie erscheinen, aber auch deren Gesellschaft, Geschäfte, Restaurants und deren Lifestyle. Die Isarmetropole ist extrovertierter als die Kapitale des Nordens. Hier spielt es eine größere Rolle, was die anderen Leute von einem denken. Hier entstand Anfang der 60er-Jahre der „Leute-Journalismus“. Und hier verwandelte sich die Illustrierte „Bunte“ zum modernen „People-Magazin“, zum wichtigsten Blatt der deutschen „Aufmerksamkeitsökonomie“.

Im Herbst 1986 verstarb Franz Burda, der Senator, wie ihn alle nannten. Sein Erbe wurde so aufgeteilt, dass Sohn Hubert 1987 den Zeitschriftenverlag übernahm. Aus ihm, dem leidenschaftlichen Journalisten, wurde der visionäre „Verleger“!

BURDA München Projekt 5

1980

Umzug in die Metropole

München entdecken mit BUNTE. Die Serie „München mon amour“ ist eine intime Anleitung für die Weltstadt mit Herz

1

2

1/2 STÜRMISCHE MÜNCHEN-LIEBHABER
Chefredakteur Dr. Hubert Burda und Chefreporter Will Tremper. Zwei leidenschaftliche Journalisten auf dem BUNTE-Trip (gern auch mal im Helikopter): Trempers BUNTE-Serie „München mon amour“ erscheint 1984

Die Atmosphäre im neuen Burda-Headquarter im Arabellapark ist vom ersten Tag an geprägt von einer großen Neugier. Es ist ja nicht nur das Team von BUNTE aus Offenburg neu nach München gekommen, auch die seit 1966 in der Münchner Arnulfstraße ansässigen Redaktionen von „Freundin“, „Bild+Funk“ und „Das Haus“, von „Ambiente“ und „PAN“ sind nach Bogenhausen umgezogen. So ist in dem Burdablauen Glasbau für alle alles neu. In der Tiefgarage, im Aufzug, in den Fluren, in der Kantine wird der neueste Klatsch ausgetauscht. Redaktionsübergreifend werden Freundschaften geschlossen. Gern taucht Hausherr Dr. Hubert Burda spontan in den Redaktionen auf, zeigt sich im Gespräch als nahbarer Chef und erweist sich als exzellenter Kenner der Münchner Szenen.

TITELBILDAUSWAHL ZUM VORBERICHT OLYMPIA
Die BUNTE-Ausgaben für die Auslands-, Lesezirkel- und Abonnenten-Auflagen wurden vorab gedruckt mit eigenem Titelbild und speziellem Inhalt. Die Kiosk-Auflage (über 1 Million) wird superaktuell zwei Tage vor dem Erscheinen produziert. Auf dem Foto kniend Dr. Hubert Burda und Heinz Morstadt, stehend von links: Volker Hiss, Tom Bohlen, Gerd Ruhlich, Klaus Langenecker, Dieter Wurth

ZWEIMAL ZWEI METER DYNAMIK:
Michael Groß kam entspannt mit seinen vier gewonnenen Medaillen um den Hals in einer Limousine zum Fototermin. Jürgen Hingsen wurde mit dem Helikopter aus Santa Barbara in 45 Minuten zwischen zwei Trainingseinheiten ins Fotostudio nach LA gebracht. Via Satellit wurden Titelbild und 12-seitige Reportage dann in Eile nach München und in die Technik übermittelt

IN DIESEM HEFT

BUNTE

Liebe BUNTE-Leser,

Zeitgeschehen	
Tom Selleck. Alle lieben den Macho Magnum	24
Medizin. Freude ist die beste Medizin	30
Karlheinz Böhm. Nur Helfen spielt noch eine Rolle	42
Hunde. Wenn Ihr Liebling Hilfe braucht	48
Farbbericht	
Alaska. So fand der Mensch die Erde vor	54
Tagesthemen	102
Mein Rendezvous	114
Extra-Blatt	116
Roman	
Die vertauschte Frau	86
Serie	
München – mon amour	36
Gesundheit	
Bürsten Sie sich glatt	78
Wenn der Hüftknochen verschwindet	78
Ein Tropfen Wahrheit	79
Zucker heilt Wunden	81
Wasser fördert Sonnenbrand	81
Immer schön ruhig bleiben	81
Psychologe Dr. Braun	81
BUNTE-Palette	
Leute	4
Impressum	10, 107
Cartoon	11
Silbenrätsel	77
BUNTE kulinarisch	93
Horoskop	96
Reisetest	98
Kreuzworträtsel	100
Humor	101
Leserbriefe	109
Kurzkrimi	119
Grüne Seite	120
Krokodil	122
Fernsehprogramm	122
Politik klipp + klar	125
Im Brennpunkt	126
Echo	126

Fernsehprogramm ab Seite 122

BUNTE 3

DAS BUNTE-REPORTERTEAM VOR ORT
Aus dem Pressecenter der Olympischen Spiele in Los Angeles berichten BUNTE-Redakteure tagesaktuell, sichten die Angebote der weltbesten Sportfotografen, recherchieren, schreiben Texte, führen Interviews und organisieren den täglichen Reportereinsatz zu den Sportereignissen

Die Entstehung des Titels fiel in einem Telefonat aus dem Anwesen von Gianni Agnelli in St. Moritz zu einem Parkplatz mit „Phone booth" am Highway zwischen Anaheim und Los Angeles. Wie soll der Titel von BUNTE zur Olympiade 1984 aussehen? Um mit einem superaktuellen Titelbild am Kiosk zu erscheinen, bespricht Hubert Burda (gerade zu Gast bei Agnelli) mit Heinz Morstadt (in LA) den optimalen Titelwunsch: den vierfachen Medaillengewinner Michael Groß mit dem bei Erscheinen von BUNTE um eine Gold-Medaille kämpfenden Zehnkämpfer Jürgen Hingsen zusammenzubringen auf ein Foto. Ergebnis: geschafft. Titel-Optik und Auflage optimal.

Ein Schwimmer kommt vor lauter Training nie zum Baden. Erst in Los Angeles konnte Michael Groß ungetrübte Wasserfreuden genießen

Spaß muß man haben, wenn man gewinnen will. Vor dem Wettkampf tobte sich Jürgen Hingsen mit seiner Frau Jeane aus. Kaum zu glauben, wieviel Kraft in der zierliche Person steckt, die gerade 100 Pfund wiegt. Spielend stemmt sie ihren Zwei-Meter-Mann

Am allerschönsten ist es im Wasser, wenn die Hoffnungen nicht baden gegangen sind

BUNTE 15

BADEN STATT SCHWIMMEN: MICHAEL GROSS
Auf Gold und Silber lässt sich leicht ausruhen. Da lohnt sich auch die härteste Strapaze

JÜRGEN HINGSEN: TURNEN ZUM SPASS MIT JEANE
Spielend stemmt sie ihren Zwei-Meter-Mann. Bevor er mit seiner amerikanischen Frau Jeane die verspätete Hochzeitsreise nach Hawaii antreten kann, hat er noch zehn Disziplinen in zwei Tagen zu bewältigen

München mon amour

Jeder zweite Bundesbürger würde am liebsten in der bayerischen Hauptstadt wohnen. BUNTE erzählt, warum das Münchner Leben in den Deutschen so viel Sehnsucht erweckt. In dieser Folge lesen Sie alles über die Frauen, denen München am meisten am Herzen liegt – die Geschiedenen

Das tägliche Bild vor dem Nationaltheater: Die bayerische Staatsoper beginnt um 19 Uhr

„Viel zu lange in Wien studiert, da gibt's nur eine Steigerung: arbeitslos in München"
Helmut Qualtinger, Kabarettist

Früher gingen die Münchner Mannsbilder in den Biergarten, um eine zünftige Brotzeit zu machen. „Heute sind das vorwiegend Fischteiche", sagt der Seniorplayboy James Graser, „wo nach frischen Weibern geangelt wird ..." Das sieht ein Blinder: Schon am Nachmittag besetzen ganze Cliquen von betuchten Männern, die es sich leisten können, nicht unaufhörlich zu arbeiten, die strategisch gut gelegenen Tische mit dem freien Ausblick auf hereinströmende Weiblichkeit. Und sie strömen ... Lauter unternehmungslustige Frauen im besten Al-

Bitte umblättern

Einer der schönsten Biergärten – und in München gibt es mehr als tausend davon – ist der am chinesischen Turm im Englischen Garten. Hier bleibt keine Frau lange allein

36 BUNTE

MÜNCHEN MON AMOUR
„München mon amour" heißt die Serie, die gleichzeitig mit der aktuellen Olympia-Berichterstattung in BUNTE zu lesen ist. Crime und Sex, Adel und Hendl, schöne Frauen und wilde Feste, Biergartenfeeling und Oktoberfeststimmung – alles über Deutschlands begehrteste Stadt wird in 7 Folgen erzählt

Hier schreibt Beate Wedekind über das Glück von Hubert Burda entdeckt zu werden

Wenn ich meine dreizehn Jahre bei Burda Revue passieren lasse, dann schüttle ich ab und zu immer noch meinen Kopf. So unglaublich finde ich bis heute, dass Dr. Hubert Burda ausgerechnet mir, der 30 Jahre jungen Frau aus dem Ruhrpott, die erst zwei Jahre zuvor bei BILD-Berlin Journalismus gelernt und gerade erst bei BUNTE in Offenburg angefangen hatte, die neue wöchentliche Gesellschafts-Kolumne MEIN RENDEZVOUS anvertraute. Mein Ehrgeiz war von Anfang an, die abgehobene Welt des Jetset aus der persönlichen Sicht einer extrem neugierigen, aber irgendwie ganz normalen Frau für die Leserin / den Leser erlebbar zu machen.

BUNTE und Burda wurde die große Chance meines Lebens und München, diese barocke Stadt der Lebensfreude, meine neue Heimat. Von Hubert Burda lernte ich, was eine Illustrierte ausmacht: die Welt als globales Dorf zu begreifen und zu beschreiben. Und ich versuchte, all die Möglichkeiten, die der Verleger mir im Laufe der Jahre gab, und die damit einhergehenden Herausforderungen zu erfüllen: Ressortleiterin, Geschäftsführende Redakteurin, Bambi-Cheforganisatorin seit 1985, 1988 Chefredakteurin von ELLE, schließlich 1992 sogar Chefredakteurin von BUNTE. Mein Fazit ist schlicht und einfach: DANKE, lieber Dr. Burda.

DER VERLEGER UND DIE KOLUMNISTIN
Wie lebt und liebt der Jetset? Hubert Burda schickt Beate Wedekind von 1983 bis 1988 Woche für Woche auf die Spur der internationalen High Society

MEIN RENDEZVOUS AUF DER WIESN
Auf zum Oktoberfest! Beate Wedekind und Fotograf Roger Fritz berichten über den Spaß an der Freud' auf dem Münchner Fest der Feste

MEIN RENDEZVOUS: Oktoberfest in München

Beate Wedekind

Sechzehn Tage Gaudi für die einen. Sechzehn Tage Streß für die anderen. Das Münchner Oktoberfest auf der Theresienwiese ist das größte Volksvergnügen der Welt. Nicht für alle. Lesen Sie, was ich zwischen 11 und 23 Uhr auf der Wiesn beobachtet habe

Münchens Society-Karussell

Prachtvolle Kulisse für das größte Volksfest der Welt, d… Theresienwiese: Blick über die Schaustellerstraße auf die P…

Den Alltag vergessen – aufs Oktoberfest gehen. Unbeschwert und gutgelaunt über die Wiesn bummeln. Hunderttausende Münchner und Zugereiste tun das. Das größte Volksfest der Welt ist ihr größtes Vergnügen. Nur, was für den einen uneingeschränkt Gaudi ist, kann für den anderen, so scheint mir, durchaus Streß sein. Auf den Gedanken komme ich, als ich einen Herrn aus der Münchner Filmbranche mit leicht verkrampftem Gesicht morgens um 11 Uhr vor der Reservierungstafel in der Schottenhamel-Festhalle stehen sehe. Auffällig lange. Und dann geht er doch nicht zielstrebig auf einen der Tische zu, sondern hastet zum Ausgang. Wohl, weil er entdeckt hat, daß jemand, der für ihn und seine Karriere wichtig wäre, ihn nicht eingeladen hat. Die Geschäftsessen in den sogenannten „Hausboxen" der Festzelte sind nämlich nicht nur Tradition. Hier werden mittags bei Bier und Hendl die Verträge

Die große Gaudi

„O'zapft" bleibt's auf dem Münchner Oktoberfest auf der Theresienwiese noch bis zum kommenden Montag, eine halbe Stunde vor Mitternacht. In 13 Festhallen, 81 Buden und Bratereien, bei 200 Schaustellern, 190 fliegenden Händlern und 113 Brotfrauen wird gefeiert, gelegentlich auch geprügelt. Vor allem aber wird kräftig das berühmte extra gebraute Wiesn-Bier maß-(liter-)weise getrunken. Rekorde: 1978 rannen 45 137 Hektoliter Bier die durstigen Kehlen hinunter. Freßrekord war 1966. Da verputzten die Besucher 903 474 Paar Schweinswürstl.

noch per Handschlag geschl… sen. Und abends entschei… sich, wer vom Geschäftspart… zum persönlichen Freund … Gastgebers aufgestiegen ist. … feiere ich mit Claus Cramer … Warstein (jawohl, er tri… auch bayerisches Bier). Neb… an, in „Käfers Wiesn-Sch… ke", treffe ich Ralph Siegel, … Musikmacher. Gegenüber s… Josef von Ferenczy. Alle um… ben von Freunden, echten … Möchtegerns. Und hier … dort beobachte ich, wie fli… Blicke verstohlen von Tisch … Tisch huschen. Interessant, … da bei wem eingeladen ist. … allem, wer nicht. Einer ist üb… gens in der Lage, solche Eif… süchteleien nahezu auszusch… ten: TV-Produzent Hel… Ringelmann. Der lädt zu sei… Superparty bei Käfer unte… Dach Freund und Feind … Diesmal an die 400. Aber we… dem, der hier noch nicht da… ist. Der muß sich dann tatsä… lich Gedanken um seine T… Zukunft machen. Taktik al… wenn auch Hans-Dietrich G…

162 BUNTE

Fotos: Rolf Hayo (2)

chner Oktoberfest auf der
he, links oben die Festzelte

racht: Moden-Mann Harry
ndmayer macht sich fein

her (in Hemdsärmeln) und
iedrich Zimmermann (in
rachlederner) Ringelmann
e Ehre geben? Die beiden
nd zäh, bleiben bis nach der
perrstunde. Herr Zimmer-
ann, wenn das der Innenmini-
er wüßte! Noch ein paar Kost-
oben von Wiesn-Extrawür-
en: Wenn dem „FKF", Fried-

Fotos: Roger Fritz

Trio im Glück: Elmar Wepper, Schwägerin Angela und Bruder Fritz am Schießstand beim nächtlichen Wiesn-Bummel

Kind im Manne: Der Schweizer Industrielle Charly Hirschmann mit Tochter Joannie (links) in der Franziskanerkutsche

Politik im Spiel: TV-Produzent Ringelmann begrüßt seine Gäste, Bundesaußenminister Genscher und Frau Barbara

rich Karl Flick, dem Großindustriellen, spontan einfällt, mit seinen Freunden aufs Oktoberfest zu gehen, dann geht er zu Eddie Reinbold, seinem Spezi. Weil der sofort Platz schafft und ein stilles Örtchen für ihn ganz allein reserviert hält. Oder Bob Arnold, Kamerafabrikant und „Oscar"-Preisträger. Sein täglicher Wiesn-Stammtisch hat eine vier Zentimeter dicke Platte aus Ahorn. Der einzige dieser Art auf der Wiesn. Sonst trinkt man seine Maß von Eiche, Fichte und hier und da sogar schlicht von Plastik. Wie der Wiesnwirt sein Tischlein deckt, ist Luggi Waldleitner relativ gleichgültig. Aber aus welchem Becher-

Bayern-Profis: Trainer Lattek und Präsident Hoffmann

Tennis-As: Sylvia Hanika beim Armbrustschießen

Motorfans: Poldi von Bayern, Thomas Tewes und Frau

Kleine Geheimnisse vom Oktoberfest

● Wenn Champagnerfürst Frédéric Chandon und sein deutscher Statthalter Henri François Poncet in die Augustiner-Festhalle laden, sollten sich die Gastronomen und Hoteliers der gehobenen Kategorie auf der Gästeliste wiederfinden.

● Wenn Gunter Sachs zum Umtrunk im Armbrustschützenzelt seine Mädchen und Mitarbeiter versammelt, schadet es keinem Fotomodell, dabeizusein.

● Wenn Franz Beckenbauer und Manager Robert Schwan ebendorthin bitten, wäre es für Fußballkarrieristen durchaus wichtig, geladen zu sein.

● Wenn Hans R. Beierlein in Käfers edle Wiesn-Schänke ruft, dürfen die Medienmenschen nicht fehlen.

● Wenn Flick in die Schützenfesthalle spontan seine engsten Freunde zusammentrommelt, zahlt es sich aus, gerade eng mit Flick befreundet zu sein.

● Wenn Bayerns Kultusminister Hans Maier in die Löwenbräu-Festhalle bittet, steht es allen Bühnenschaffenden gut an, von der Einladung zu wissen.

● Von Ringelmann (TV), Siegel (Musik), Ferenczy (Presse) und Cramer (Gaststätten) habe ich schon gesprochen.

● Wen das alles nichts angeht, der hat eh seine Gaudi. Es soll allerdings auch Leute geben, die vorsorglich frühzeitig verkünden, zur Wiesn-Zeit nicht in München zu sein.

Landesfürst: Franz Josef Strauß mit Frau Marianne, Sohn Franz-Georg und der Oberbürgermeister von München Erich Kiesl

Diskoprinz: Michael Käfer übernimmt die Superdisko „P1", Heino Stamm macht die Inneneinrichtung (Mitte: Marion Stamm)

Heut abend: Fuchsberger zu Gast bei Ringelmann

chen er trinkt, das ist dem gewichtigen Münchner Filmgewaltigen keineswegs egal. Denn in „Käfers Wiesn-Schänke" trinkt er – das ist Tradition – seinen Champagner nur aus vorgekühlten Steinkrügen. Champagner aus Bierkrügen. Für jede frische Flasche frische kühle Krüge. Prost!

Schicksalhafter Entschluss aus heiterem Himmel

BETRIEBSAUSFLUG PARIS, 1980
Fahrt auf der Seine ... während die glücklich endende Entführung der Kronzucker-Kinder die Medienbranche in Spannung versetzt

Denkwürdiges Datum: 3. Oktober 1980

Erfüllt von der „Power of Social Connections" (Gregory M. Walton, Stanford University) haben Betriebsausflüge in der Werteskala von Dr. Hubert Burda große Bedeutung. Der Abstecher mit der Redaktion per Bahn von Offenburg nach Paris am 3. Oktober 1980 kollidierte jedoch mit dem Pokern um die Exklusivrechte der Familie des Fernsehjournalisten Hans-Dieter Kronzucker an der schönsten Nachricht des Jahres: Die Töchter Susanne und Sabine und ihr Cousin Martin wurden am 67. Tag von ihren Entführern in der Toskana freigelassen. An Bord eines Seinedampfers analysierte der Verleger: „Wäre die Geschichte tragisch ausgegangen, müsste der „Stern" groß einsteigen. Der Ausgang, wie ganz Deutschland ihn einen Sommer lang herbeigesehnt hat, das ist reinste BUNTE." Aber jeder Verlag wollte das Thema haben. Am späten Nachmittag des Freitags kam die Nachricht: Kronzucker redet auch mit Burda. Dr. Hubert Burda bestellte den Firmenjet nach Orly. Zwei Mitarbeiter begleiten ihn auf dem Flug. Über dem Schwarzwald öffnet der Verleger eine Flasche Champagner – vielleicht bringt es Glück. Aus dem Flugzeug sehen die drei auf die nächtliche Wies'n, vor einer Woche Schauplatz des grauenvollen Bombenattentats mit 13 Todesopfern. Die Nation hatte einen Bedarf an besseren Meldungen. In der Wohnung Schackstraße fällt der Verleger um Mitternacht einen mutigen Entschluss. Ohne Abstimmung mit dem Vater oder der Mutter. Die BUNTE investiert 2,3 Millionen Mark in dieses Thema – zwei Millionen davon werden an die großzügigen Spender des Lösegeldes durchgereicht. Zur Gegenfinanzierung stoppt Dr. Burda eine geplante Imagekampagne in der FAZ. Symbolfoto: Ein kleines Mädchen greift in gleißendem Sonnenlicht nach einer Butterblume. Jetzt waren reale Kinder die Helden, Susanne, Sabine und Martin. Am nächsten Morgen bekundete der Senator mit einem riesigen Strauß gelber Rosen, wie sehr er hinter dieser Entscheidung steht. Niemals haben dem Sohn Blumen mehr bedeutet.

BETRIEBSAUSFLUG HERRENCHIEMSEE, 1985
In solchen Momenten dirigieren die vom Vater geerbten Gene für Freude an der Musik

Auf den Siegeszug der Bilder folgte das Internet

Neues Logo für das nächste halbe Jahrhundert

ERSTAUSGABE DER DEUTSCHEN ELLE, 1988
Burdas neues Mode- und Lifestyle-Magazin ist ein Joint Venture mit dem französischen Verlag Hachette

VON DER PRODUKTIONS- ZUR KOMMUNIKATIONS-GESELLSCHAFT

Der Markt der Medien befindet sich in einem Prozeß gewaltiger Umwandlung. Herausforderung und Bewährungsprobe zugleich wird für uns das wirtschaftlich geeinte Europa ab 1993 sein. Die Bundesrepublik Deutschland mit ihrer überragenden Kaufkraft und ihrem vielversprechenden Umfeld spielt hier eine besondere Rolle.
Im Rahmen dieser Wandlung des gesamten Kommunikationsmarktes müssen wir auch unsere Zeitschriften sehen. Erfolg ist für sie auf dem Markt Europa nur möglich, wenn unsere Umsatz-Lokomotiven auch dort ganz vorn fahren. Die Chancen sind gut.
Diese neunziger Jahre werden im Zeichen von Gigantenkämpfen der Verlage stehen. Auf dem Medienfeld Europa werden sich nur jene behaupten können, die sich selbst als Europäer verstehen. Mehr noch: das Geflecht der Beziehungen muß den gesamten Erdball umspannen.
Ein Anfang dieses weltweiten Verlagsgeschäftes sind unsere Partnerschaften mit Verlagen in den USA. Wir bringen „Forbes" nach Europa und werden testen, wie sich einer unserer Titel in den USA anläßt. Unsere Beziehungen zu Frankreich haben eine lange Tradition – in vielen Bereichen dieses Hauses.
Die deutsche Ausgabe von ELLE verschaffte sich auf Anhieb eine exzellente Position auf dem hart umkämpften Feld der Frauen-Titel. Damit sind wir auch im attraktiven Markt der höherpreisigen Frauenzeitschriften vertreten.
Stark ist auch unsere Stellung auf dem Architektur-Markt. Da ist einerseits DAS HAUS mit seiner Millionenauflage, und da ist andererseits AMBIENTE, ein Magazin mit hohem Anspruch. Mittlerweile sicherten wir uns auch bei den Kreuzworträtsel-Zeitschriften die führende Position in Europa. Wirtschaftlich betrachtet sind sie eine sichere Bank.
Das über die Medien vereinte Europa hat eine Grenzmarke von gestern, den „Eisernen Vorhang", überwunden. Gemeinsam mit dem Verlag Aenne Burda kooperieren wir mit der sowjetischen Regierungszeitung „Iswestija" – wer hätte eine solche Partnerschaft vor zehn Jahren für möglich gehalten? Aenne Burda verkauft in der Sowjetunion 2 Millionen von „burda Moden" und könnte sogar 20 Millionen absetzen.
Mit fünf neuen Titeln hat für unseren Verlag die Zukunft begonnen. Mit ELLE, „Holiday" und JUPITER in Deutschland, mit „Vivre au Jardin" und „Roi des Jeux" in Frankreich und mit PUZZLE PARADE in Großbritannien.
Wir müssen uns auf eine veränderte Situation in den neunziger Jahren einrichten, auf ungewohnte Allianzen, wie die zwischen Zeitschrift, Bildschirm und Radio.
Jenseits wirtschaftlicher Überlegungen sehen wir uns am Anfang der neunziger Jahre als Mittler zwischen Industrie und Kunst; Symbol und Vorhut einer Entwicklung, die sich von der Produktionsgesellschaft zur Kommunikationsgesellschaft wandelt.

Hubert Burda

Verleger Dr. Hubert Burda

EDITORIAL GESCHÄFTSBERICHT, 1988
Hubert Burda über neue internationale Medienpartnerschaften nach dem Fall des Eisernen Vorhangs

ERSTAUSGABE HOLIDAY, 1988
Das neue Reise-Magazin von Burda

ERSTAUSGABE JUPITER, 1989
Das neue Astrologie-Magazin von Burda

ELLE HAT VON ANFANG AN PROFIL
Unterstützt von Elisabeth Bär, der erfahrenen Chefin von Burdas FREUNDIN, adaptiert die junge ELLE-Chefredakteurin Beate Wedekind, Society-Kolumnistin von BUNTE und Geschäftsführende Redakteurin für Unterhaltungsthemen, das französische Konzept für den deutschen Markt. Es entspricht in der Themenmischung perfekt dem Zeitgeist. Das Leben der jungen urbanen Frauengeneration besteht 1988 aus so viel mehr als Mode und Schönheit. Globale Trends, Kultur, Gesundheit, Wohnen, Freizeit und Smalltalk spielen deshalb in der deutschen ELLE eine wichtige Rolle.
Vorgestellt wird die Erstausgabe mit einer Pressekonferenz in der Münchner Stuck-Villa. Im Foto: Beate Wedekind umringt von den verantwortlichen Herren von Hachette und Burda. Verleger Dr. Hubert Burda (2.v.r.)

Die neue Gründerzeit bei Burda

1988 gründet Verleger Dr. Hubert Burda in München gleich drei neue Lifestyle-Magazine. Mit der deutschen ELLE wird die Familie der Burda-Frauen-Zeitschriften durch ein Hochglanz-Magazin mit internationalem Flair ergänzt. Mit HOLIDAY wird die neue Sehnsucht der Leser und Leserinnen nach individuellem Reisen jenseits von Massen- und Pauschal-Tourismus erfüllt. Mit JUPITER gelingt Burda lange bevor die Esoterikwelle den Mainstream erreicht, ein Magazin, das den Einfluss der Sterne anhand von Human-Touch-Geschichten alltagstauglich macht.

Alle drei Magazine vertraut der Verleger jungen Mitgliedern der BUNTE-Redaktion an. Die Chefredaktion von JUPITER übernimmt der erst 33 Jahre alte studierte Jurist Winfried Noé. Seine außergewöhnliche Begabung, die Wirkung der Sterne auf uns Menschen zu sehen, hat er bei den besten Sterndeutern Deutschlands professionalisiert. Seit 1982 ist er Haus- und Hof-Astrologe von BUNTE. Michael Ramstetter ist 35 und bei BUNTE für Service-Themen zuständig. Optisch und inhaltlich ambitionierte BUNTE-Redakteure und Grafiker haben das innovative Konzept von HOLIDAY entwickelt. Ramstetter wird Chefredakteur. Beate Wedekind ist 37, und u.a. Society-Kolumnistin bei BUNTE, als ihr Hubert Burda ELLE anvertraut (siehe Text links).

In München wird großer Spaß gern ernst genommen …

„JEDER MALER MUSS MALEN – JEDER SÄNGER MUSS SINGEN", SO MICK JAGGER
Fans der Rolling Stones am 10. Juni 1982 beim ersten Konzert einer Band im Olympiastadion überhaupt. Ihre Live-Produktionen haben die Konzertbranche revolutioniert und sind „Big Business" – die erfolgreichste Rockband aller Zeiten

Am 10. und 11. Juni 1982 gaben die Rolling Stones zwei Konzerte im Olympiastadion, der größten Konzertbühne in München. Phänomen „Rolling Stones" – Songs wie „(I can't get no) Satisfaction" oder „Jumpin' Jack Flash" begeistern die Fans – das Live-Erlebnis der Rockmusik im Stadion hat etwas Magisches. München ist eine Stadt des Live-Entertainments. Viele weltberühmte Acts wie Queen, Tina Turner, Diana Ross, Michael Jackson, Coldplay oder AC/DC haben unvergessliche Konzerte im Olympiapark gegeben.

Seit 1965 bringen die Rolling Stones den Rock nach München. Die Platte „It's only Rock 'n' Roll" haben sie Anfang der 70er Jahre zum größten Teil im Münchner „Musicland"-Tonstudio im Arabellahaus aufgenommen. 40 Jahre nach ihrem ersten Konzert im Olympiastadion spielten sie dort 2022 ihr zehntes Mal.

BEI TAG UND NACHT MIT FLUTLICHT, BEI SONNE UND BEI SCHNEE
Die Welle am Eisbach im Englischen Garten ist die Münchner Attraktion für Surfer und Schaulustige

Seit 40 Jahren ist die Eisbachwelle Treffpunkt für Großstadt-Surfer. Direkt neben dem Haus der Kunst, gelegen am südlichen Eingang des Englischen Gartens, nutzten schon früher die Einheimischen die starken Strömungen und Wellen, um „Brettl" zu fahren. Damals wurde noch ein Brett mit einem Tau an der Brücke angebracht und man fuhr auf dem Wasser hin und her. Dann kamen die Surfer und nutzten die Wassermassen, um auf der Welle zu reiten und Pirouetten zu drehen. Weitere Wellen flussabwärts und auf der Isar begeistern Besucher aus aller Welt. Auch wenn man offiziell nicht im Eisbach schwimmen darf, ist dieser Ort außerdem ein Badehotspot im Sommer.

Eine kühle „Hoibe" (0,5 Liter Bier der Hofbräu, Brauerei) im gleißenden Sommerabendlicht des Englischen Gartens. Manche breiten ihre Tischdecken aus, und es finden sich Gespräche mit Freunden oder Fremden – die bayerische Lebensart wird wohl nirgendwo so ausgelebt wie hier. Das bekannte Lied „Ein Prosit der Gemütlichkeit" wird von der Kapelle im Chinesischen Turm angestimmt. Der 25 Meter hohe Pagodenbau im kaiserlich-chinesischen Stil ist wohl das bekannteste Bauwerk im Englischen Garten. Um ihn herum erstreckt sich ein großer Biergarten, Spielplätze und ein Kinderkarussell im Biedermeier-Stil mit Kutschen. Im Sommer gibt es dort den traditionellen „Kocherlball" – man tanzt in Tracht um den Turm. Im Winter gibt es dort einen Weihnachtsmarkt.

IM BIERGARTEN VON KÖNIG LUDWIG
Im 1832 erbauten Monopteros-Tempel im Englischen Garten kann man herrlich ausgelassen sein. Und wenn's sein muss, auch mal einen über den Durst trinken

Mit Freunden unterwegs auf der Isar. Hubert Burda in Kanuten-Haltung beim Ausflug auf der Isar.

„Mit der wärmeren Jahreszeit waren die Farben zurückgekehrt, und mit ihnen die Menschen. Das Schmelzwasser hatte den Fluss mächtig anschwellen lassen. Von den sieben Schleusenklappen waren jetzt fünf geöffnet. Die Zweige der Kastanien hingen ins Wasser, ihre Blüten würden bald die Bäume hell erleuchten." (zitiert aus Hubert Burdas Text „Die Isar" aus den 1980er Jahren)

SPORTLICH, SPORTLICH
Hubert Burda ist ein Sportler par excellence: Tennis, Golf, Schwimmen, Bergsteigen, Skifahren, und wenn er Kanu fährt, dann kann es gern schon mal die ganze Strecke auf der Isar von Bad Tölz nach München sein. Sind ja nur knapp mehr als 40 km – hier mit an Bord Mucki Göhrer

BAMBI, 1985
Preisträger Willy Bogner (Beste Kamera) und Bambi-Gast Fürstin Gloria von Thurn und Taxis bei ihrem ersten Auftritt als Edelpunk

Bambi für die Besten

BAMBI ist traditionell beliebter als andere Auszeichnungen. Weil BAMBI näher dran ist am Menschen. Ausgezeichnet werden Persönlichkeiten, die ihr Publikum nicht nur beeindrucken, sondern begeistern.
Mitte der 80er Jahre setzt Verleger Hubert Burda eine entscheidende Weiterentwicklung um. BAMBI, bisher als Film- und Fernsehpreis definiert, wird zum Medienpreis. Der Wirkungskreis von BAMBI wird auf zukunftsweisende und trendsetzende Branchen erweitert, zum Beispiel Mode, Literatur, Kunst, Wissenschaft, Soziales. Die Verleihung im ARRI-Kino im Herzen von Schwabing ist die Einladung des Jahres. 1987 überrascht Hubert Burda mit einem Ausflug von BAMBI nach Offenburg, dem Stammsitz des Verlags. Schon die Fahrt im Sonderzug wird ein unvergessliches Erlebnis!

BAMBI 1986
Von Preisträger zu Preisträger: Franz Beckenbauer hält die Laudatio auf sein Idol Paul McCartney. In der Mitte Pauls große Liebe, seine Frau Linda.

BAMBI, 1987
Zur 40. Preisverleihung ging es per Sonderzug von München nach Offenburg. Preisträger Monaco Franze, Helmut Fischer, spielt den Zugschaffner.

BAMBI 1986
Ein Tänzchen in Ehren auf der Bambi-Party: Maja Flick, die Schwester von Fürstin Gloria, geht Bundesaußenminister Hans-Dietrich Genscher an den Kragen

BAMBI-REKORD
Peter Alexander, der große Unterhaltungskünstler, hier mit sieben seiner insgesamt zehn Goldenen Rehen

DER GASTGEBER
Die Begrüßungsansprachen von Dr. Hubert Burda, hier 1987, sind immer wegweisend für die Medienbranche

Außergewöhnlich: BAMBI schafft Allianzen

Die BAMBI-Verleihung ist eine ideale Gelegenheit, um neue Verbindungen zu knüpfen und alte Bekanntschaften aufzufrischen. Und Verleger Hubert Burda ist ein Gastgeber, der die große Kunst, Menschen zusammenzubringen, aufs Feinste beherrscht.

Auch Entscheider aus Politik und Wirtschaft nutzen BAMBI, um sich von ihrer menschlichen Seite zu zeigen. Dabei geht es oft um mehr als Small Talk. Bei BAMBI werden neue Ideen geboren, Allianzen gegründet, und einige Ehen haben mit einem Flirt bei BAMBI begonnen.

Für die BAMBI-Stars ist die Verleihung und die anschließende Berichterstattung natürlich auch eine schöne Bestätigung für die Wertschätzung, die ihnen entgegengebracht wird, und etliche junge Künstlerinnen und Künstler sind bei BAMBI entdeckt worden.

BAMBI,1989
Erster Mode-Bambi für Karl Lagerfeld zur großen Freude von Aenne Burda

Kreativität, Vision und soziales

BAMBI, 1996
Dr. Hubert Burda als Gastgeber der Bambi-Verleihung mit Nastassja Kinski. Sie erhielt 1978 ihren Bambi für die Rolle als Schülerin Sina in dem Tatort „Reifezeugnis“, gedreht als sie 15 war

BAMBI, 1984
Götz George (links) und Bernd Eichinger haben bereits Grund zu feiern, Hannelore Elsner bekam ihren Bambi 2006

Engagement haben ihren Preis

BAMBI, 1986
Hannelore Kohl (rechts) hält im Münchner Arri-Kino die Laudatio: Bambi für soziales Engagement für Prinzessin Yasmin Aga Khan. Die Tochter von Rita Hayworth und Prinz Aly Khan mobilisierte Politik und Öffentlichkeit für die Alzheimer-Erkrankung. Moderator: Dr. Hans-Dieter Kronzucker

„Kir Royal" – München at its best mit einem Schönheitsfehler

Die sechs Kultfolgen der Serie „Kir Royal" als Steigerung von „Monaco Franze – Der ewige Stenz" zeigen real das verborgene München der Insider: die Wohnung des Klatschreporters Baby Schimmerlos im sogenannten Wappenhaus an der Nymphenburger Straße/Ecke Maillingerstraße, das Hotel „Bayerischer Hof", die Aussegnungshalle des Ostfriedhofs – allerdings zum Edelrestaurant umfunktioniert, den ehemaligen Schlemmerolymp „Aubergine", die Glyptothek, das Prinz-Carl-Palais und die Bühne der „Münchner Lach- und Schießgesellschaft".

Das mitreißende Abbild der genießenden Schickeria und Bussi-Bussi-Gesellschaft an der Isar verdankte das Fernsehpublikum allerdings dem Westdeutschen Rundfunk, der die Produktion 1985 und 1986 finanzierte.

DIE CHEFIN
Ruth Maria Kubitschek in „Kir Royal" als Verlegerin Friederike von Unruh, Arbeitgeberin des Klatschreporters

WDR-SERIE „KIR ROYAL", 1986 (v.l.n.r.): Unübertreffliches Trio: Kabarettist Dieter Hildebrandt als Fotograf Herbie Fried, Regisseur und Autor Franz Xaver Kroetz als schnüffelnder Reporter Baby Schimmerlos und Senta Berger als seine Freundin Mona

Von München nach New York und zurück

Hubert Burda und Franz Beckenbauer verbindet eine tiefe Männerfreundschaft und ein gutes Gespür dafür, wann es an der Zeit ist, der Gesellschaft etwas zurückzugeben. Ein feines Beispiel für diese Haltung ist der Weg von Beckenbauers Andy Warhol-Porträt an die Öffentlichkeit. Seit 1977 Teil der Privatsammlung von Hubert Burda, schenkt der das Kunstwerk seinem Freund fünf Jahre später zu dessen Abschied aus dem aktiven Fußball. Im Vorfeld der Fußball-Weltmeisterschaft 2006 in Deutschland überlässt Beckenbauer das Meisterwerk der Bundesregierung für die von André Heller kuratierte Ausstellung „Rundlederwelten" im Berliner Martin-Gropius-Bau. Tausende Fans fotografieren sich vor dem Porträt ihres fein lächelnden Idols. Und so wandert das Bild sozusagen in öffentlichen Besitz.

DER KAISER ALS KUNSTWERK
1977 malt Andy Warhol Franz Beckenbauer, der damals vom FC Bayern in München zu Cosmos nach New York wechselt, für die Privat-Sammlung des Verlegers. 1982 schenkt Burda das Kunstwerk seinem Freund. Zur Übergabe im Hotel Bayerischer Hof erscheint Andy Warhol persönlich.
Der Meister der Pop Art arbeitet gerade an zwei großen Collagen für das neue Burda-Verlagshaus im Arabellapark (Seite 16)

DER DIRIGENT WILHELM FURTWÄNGLER IM JAHR 1946
Er ist der Großonkel von Maria Furtwängler, geboren 1886 in Berlin-Schöneberg, gestorben in der Nähe von Baden-Baden. Nach wie vor zählt er zu den Jahrhundert-Dirigenten seiner Zeit. Beethoven und Wagner galt sein ganzer Enthusiasmus

Hochzeit im Winter 1990. Die Familien Burda und Furtwängler verbinden sich

HUBERT BURDA UND MARIA FURTWÄNGLER
Begrüßungsszene vor der Polterabend-Party

STRAHLENDE ERSCHEINUNG
Maria Furtwängler imponierte durch ihr selbstbewusstes Auftreten, aber auch mit ihrer Lockenpracht

DER GLÜCKLICHE BRÄUTIGAM
Hubert Burda, BUNTE-Chefredakteur, in gelöster Stimmung vor seiner zweiten Heirat

Kennengelernt haben sie sich am Tegernsee, in Bad Wiessee, im Anwesen der Familie Furtwängler. Marias Onkel Florian zählte zu den wichtigsten Freunden Hubert Burdas seit deren beider Studentenzeit.

DAS FRISCH VERMÄHLTE EHEPAAR
Der Verleger und seine Gemahlin Maria Furtwängler

AUF DEM WEG ZUM POLTERABEND:
Hubert und Maria in Festlaune

Burda-Hochzeit in St. Moritz

Maria Furtwängler (22), Großnichte des berühmten Dirigenten Wilhelm Furtwängler, ist im sechsten Monat schwanger. Jetzt soll ganz schnell geheiratet werden. Der Glückliche ist Verleger Hubert Burda (49). Die Medizinstudentin und der Medienboß wollen im Februar vor den Traualtar, im verschneiten St. Moritz. Das beschlossen die beiden bei einem romantischen Abendessen bei Kerzenlicht in Hubert Burdas rosa Villa im Prominentenort.

BERICHT DER MÜNCHNER ABENDZEITUNG
Die Hochzeitsfeier im Engadiner Skiort – Winter 1990 – fand reges Medienecho.

DAS GLÜCK ODER DIE FREUDE AM LEBEN
Mit den Kindern Jacob und Elisabeth lebten sie anfangs in der Münchner Schackstraße, später in der Delpstraße.

In Erwartung des dritten Jahrtausends: FOCUS, das zweite deutsche Nachrichten-Magazin und die digitale Revolution

Die Wiedervereinigung bedeutete für die westdeutschen Medien: Sie entdeckten den Osten des Landes. Auf diese Herausforderung reagierte Hubert Burda mit der Gründung des Boulevard-Blatts „Super" (zusammen mit Rupert Murdoch) und der Illustrierten „Super Illu". Dass sich „Super" auf dem ostdeutschen Markt nicht durchsetzen konnte, trieb ihn aber geradezu an, ein lang gehegtes Projekt mit Helmut Markwort zu starten: das zweite Nachrichtenmagazin in Deutschland, „FOCUS" – eine Provokation für „Spiegel" und „Stern". Das Magazin kam am 18. Januar 1993 auf den Markt, bunt, liberal, lebhaft.

München hatte neben dem 1992 in Betrieb genommenen „Franz Joseph Strauß"-Flughafen eine zweite Novität, die in ganz Deutschland Beachtung fand.

Dennoch: Die „Weltstadt mit Herz" beunruhigte die Furcht vor einem schleichenden Bedeutungsverlust. Berlin, zur gesamtdeutschen Hauptstadt und zum zukünftigen Regierungssitz ernannt, begann eine starke Ausstrahlung auf die jüngeren Generationen auszuüben. Wie kann sich da München behaupten?

Der Verleger vom Arabellapark suchte den Kontakt zum bayerischen Ministerpräsidenten Edmund Stoiber. Beide fanden zur Überzeugung: München müsse durch technische und wissenschaftliche Innovationen seine Attraktivität beweisen (Ausbau des Medizinzentrums Großhadern, Forschungsförderung an den beiden Münchner Universitäten).

Hubert Burda selbst tat ein Übriges, indem er zwei international beachtete Ereignisse ermöglichte: Zusammen mit August Everding (Hausherr des Prinzregententheaters) und Rachel Salamander (Programmleiterin) die Gesprächsreihe „Das Ende des Jahrhunderts" (1992 bis 1997) und zusammen mit Christa Maar die Gründung der „Akademie des dritten Jahrtausends", ein Diskussionsforum prominenter Wissenschaftler und Publizisten zum Thema Zukunft der Technologien, besonders der digitalen Revolution. Die Publikationen und ersten Computerkonferenzen lockten ein neues Publikum an, die „Nerds". In der Gesprächsreihe „Das Ende des Jahrhunderts" traten Philosophen wie Hans Jonas, Politiker wie Henry Kissinger oder Nobelpreisträger wie Joseph Brodsky auf. München erlebte Momente geistiger Weltläufigkeit!

Zusammen mit dem Londoner Verleger George Weidenfeld realisierte Hubert Burda seit 1991 jährlich hochkarätige Konferenzen über die Weltlage nach dem Zusammenbruch der Sowjetunion, über die Zukunft Europas und des Westens. Weidenfeld vermittelte Hubert Burda auch die Beziehung zu Jerusalems Bürgermeister Teddy Kollek und zur „Jerusalem Foundation". Im Jahr 1992 heirateten Hubert Burda und Maria Furtwängler. Mit Sohn Jacob und Tochter Elisabeth zogen beide von Schwabing nach Bogenhausen. München besaß jetzt ein internationales Verlagshaus, eine neue Burda-Familie und einen zuverlässigen Freund.

BURDA München Projekt 6

1990

Die digitale Revolution

START VON FOCUS – ANDRUCK,1993
Der Verleger und der Chefredakteur: Hubert Burda und Helmut Markwort drücken beide den Startknopf für den Andruck der ersten FOCUS-Ausgabe

Die Gründung des Nachrichten-Magazins FOCUS in der Aufbruchszeit nach der Wiedervereinigung war die mutigste Entscheidung des Verlegers Hubert Burda

DRUCKFRISCHE FOCUS-HEFTE
Die FOCUS-Redaktion arbeitete in München, in der Arabellastraße. Ihre Produktion wurde im Computer erfasst und an die Rotationsmaschine direkt gesendet, im Jahr 1993 eine Sensation

FOCUS FEIERT ZEHNJÄHRIGES
Mit einer Startauflage von 600.000 Exemplaren am 18. Januar 1993 gestartet, entwickelte sich FOCUS zu einem Kontrahenten des alteingesessenen Magazins SPIEGEL. Der Statistik nach gelang somit nach 54 Versuchen seit 1945 die Etablierung eines zweiten Nachrichtenmagazins. In den Neunziger- und Nullerjahren erreichte FOCUS Auflagen von über 800.000 Exemplaren

Nach vielen Versuchen – mit FOCUS entsteht das zweite, erfolgreiche Nachrichten-Magazin in Deutschland

1

Noch in der Nacht zum 18. Januar 1993, dem ersten Tag des Erscheinens von FOCUS, machten sich unbekannte „Sprüher" auf, die dann Jahr für Jahr widerlegte These an der Mauer des Nymphenburger Schlossparks in die Welt zu setzen, Deutschland brauche kein zweites Nachrichtenmagazin. Nichts war zu Beginn von FOCUS so verbreitet wie der Zweifel an seiner Daseinsberechtigung, der von Konkurrenzblättern linksliberaler Gesinnung kultiviert wurde. Chefredakteur Helmut Markwort und die Redaktion begegneten dem Dünkel mit der Parole: „Fakten, Fakten, Fakten und immer an die Leser denken!" Nicht um die Pflege festgefügter Meinungen, sondern um den ungeschminkten Blick auf die Realitäten ging es dem journalistischen Neuling. FOCUS – das war vor allem Farbe (kein Schwarzweiß!), eine bisher in Deutschland ungewohnt bunte Mischung von politischen, gesellschaftlichen und kulturellen Themen und eine Vielzahl von Infografiken. FOCUS wurde, was damals revolutionär war, vollständig durch Computer produziert, passte sich an die heraufziehende digitale Welt an und verbreitete einen frischen, zukunftsorientierten Eindruck. Große Bedeutung erlangte Helmut Markworts Tagebuch, das als Einstieg in das Heft, als Editorial diente. Liberal in der Grundausrichtung bildete es einen Kompass, sich in der Masse der laufenden Ereignisse zurechtzufinden. FOCUS strahlte auch etwas von der Münchner Lebensart in das gerade wiedervereinigte Deutschland aus.

„Der Computer war der entscheidende Faktor, FOCUS übernahm das ‚Screendesign' und etablierte sich schnell als modernes Nachrichten-Magazin."

HUBERT BURDA, IM JAHR 2012

2

3

1 **FOCUS-GRAFFITI IN MÜNCHEN, 1993**
Beschriftung an der Mauer von Schloss Nymphenburg in München

2 **DIE REDAKTIONSKONFERENZ**
Die tägliche Versammlung der Ressortleiter leitete der stets gut gelaunte Chefredakteur Helmut Markwort

3 **DAS RESSORT GRAFIK**
Das Layout von FOCUS wurde auf einem „Mac“-System entworfen

1

2

Mit der Lizenz des amerikanischen Wirtschaftsmagazins FORBES gelang eine Horizonterweiterung. Der BURDA-Verlag entwickelte sich zum internationalen Konzern

Nach dem Tod von Senator Franz Burda 1986 und der Übernahme des Burda-Verlages durch dessen Sohn Hubert begann eine neue Zeit im Hause Burda. Vor allem wurde ein Ausgriff über den Atlantik angestrebt. Seine Aufenthalte in den Vereinigten Staaten hatten den jungen Verleger davon überzeugt, dass die Zukunft des Zeitschriftenwesens, auch des Journalismus, in New York und Los Angeles entschieden, auf jeden Fall vorentworfen wird. Darum war es ein großes Ereignis, als der auch in Deutschland angesehene Verleger Malcolm S. Forbes Hubert Burda das Vertrauen schenkte und am 30. Mai 1989 in New York den Vertrag unterzeichnete, der die Lizenz seines Wirtschaftsmagazins in Deutschland besiegelte. In Mathias Nolte fand sich ein Chefredakteur, der es verstand, ein Wirtschaftsmagazin zu gestalten, das neben reinen Fachartikeln, Gesellschaftsglossen, Reportagen, kurz die Persönlichkeit von Akteuren des Wirtschaftslebens herausstellte. Das erste Exemplar des Monatsmagazins erschien im März 1990.

Das Titelblatt des deutschen FORBES-Magazins fiel durch seine betont sachliche, themenbetonte Konzeption auf. Kurz vor der Wiedervereinigung Deutschlands ans Tageslicht gebracht, verkörperte die Zeitschrift transatlantischen Flair, eine Fusion von „economy and lifestyle". München besaß auf einmal eine Publikation, welche die Innovationsleidenschaft und Technikbegeisterung des US-Wirtschaftslebens widerspiegelte.

„Es gibt eine große Fraktion unter Journalisten, für die das politisch Korrekte als eine Art Religionsersatz herhalten muss. Diese Form eines sehr deutschen Kulturpessimismus kam für Burda-Zeitschriften nicht in Frage. Denn sie werden in München produziert, und München liegt in Bayern und Bayern steht für Barock."

HUBERT BURDA in „Die BUNTE-Story", 2012

1 **MALCOLM FORBES FEIERT SEINEN 70. GEBURTSTAG**
(v.l.n.r.) Maria Furtwängler, Malcolm Forbes, Hubert Burda, Liz Taylor in Marrakesch, 1989

2 **VERTRAGSUNTERZEICHNUNG 1989 IN NEW YORK**
Hubert Burda und Malcolm Forbes in dessen Büro am 30. Mai 1989 setzen ihre Unterschrift unter den Lizenzvertrag

Auto und Burda: eine Beziehung der gegenseitigen Wertschätzung

1

2

Während der ersten Ölkrise 1973 mit Energiesicherungsgesetz, Tempolimit und vier autofreien Sonntagen stärkte die BUNTE mit Beiträgen wie „So sparen Sie Benzin und Diesel" die ungebremste Freude am Fahren – 50 Jahre vor der heutigen Schuldkultur. Mit einem flotten BMW 2002 verkörperte der junge Verleger Dr. Hubert Burda selbst diese Haltung.

Der Autoindustrie bescherte dann der Fall der Mauer eine historisch einmalige Erweiterung des heimischen Absatzmarktes. Erst danach begann die boomende Branche mit der Errichtung von Werken außerhalb Deutschlands. Das jährliche BURDA-AUTO-FORUM vereinte in den 1990er-Jahren zwei Schwergewichte der deutschen Wirtschaft, Autoindustrie und Medien, zum Austausch von Ideen und Informationen. Im Mittelpunkt stand Dr. Wolfgang Hans Reitzle, ein Summa-cum-laude-Wirtschaftswissenschaftler der Technischen Universität München, Vorstand für Entwicklung bei BMW mit dem Spitznamen Car Guy. Die Belegschaft sah in ihm den perfekten nächsten Vorstandsvorsitzenden. Die Berufung eines Kollegen belastete das Betriebsklima ernsthaft. Sowohl in Printmedien als auch online schaffen Top-Anzeigen der Automarken höchste Präferenz bei Männern bis 29 Jahren.
Heute ist Hubert Burda Media mit Burda-Principal Investments direkt mit der Automobilbranche verbunden. Seit 2018 ist Burda an der E-Commerce-Plattform Carsome Group mit mehr als 50 Zentren in mehr als 50 Städten in Malaysia, Indonesien, Thailand und Singapur verbunden. Geschäftsidee: „The New Way of Buying Cars".

1 **ZWEITES BURDA-AUTO-FORUM, 1991**
BMW-Entwicklungschef Dr. Wolfgang Reitzle im Verlagshaus Arabellastraße 23

2 **ERSTES BURDA-AUTO-FORUM, 1990**
Dr. Hubert Burda verlegte damals die deutsche Ausgabe von „Forbes", eines der einflussreichsten Wirtschaftsmagazine weltweit

3 **VIER „SIMILAUNER" AM BERG, 2000**
Dr. Hubert Burda, Reinhold Messner, Jürgen E. Schrempp und Dr. Wolfgang Reitzle (v.l.)

Die Touren der Similauner

Die Similauner waren eine Gruppe von Freunden um Hubert Burda, die mit Hilfe von Reinhold Messner von 1993 – 2011 gemeinsam ambitionierte Bergtouren machten.

3

„Wir sind kein geheimer Männerbund. Jeder von uns ist in seiner Sparte top und körperlich fit. Bergsteigen ist ein Auftanken für Körper und Geist und führt jeden körperlich an den Rand seiner Möglichkeiten. Nach dem Aufstieg diskutieren wir auf dem Gipfel oder auf einer Almwiese – kontrovers, kreativ, hitzig. Unsere Körper sind müde, aber unsere Köpfe sind frei."

ZITAT REINHOLD MESSNER

Gipfeltreffen der

Einmalig: Sechs sehr gefragte Frauen vor der Kamera

Dass die Powerfrauen des Fernsehens München als ihren Wohnsitz wählten, hatte nicht etwa damit zu tun, dass sie unterbeschäftigt waren und ihre Wartezeiten stärker genießen wollten. Für ihre Lieblingsrestaurants oder für das „Eiscafé Venezia" auf der Leopoldstraße, wo Barbara Rudnik entdeckt wurde, hatten sie alle viel zu wenig Zeit.

Im Jahrzehnt vor der Jahrtausendwende wiederholte sich nämlich das Phänomen der schönen Münchnerin der 1960er Jahre, als Christine Kaufmann, Elke Sommer, Iris Berben, Uschi Glas die Leinwand und den Bildschirm beherrschten. Jetzt spielten während der wachsenden Bedeutung der Bavaria Film GmbH und des Aufstiegs der Gemeinde Unterföhring zu einem Medienzentrum auch die Strahl- und Überzeugungskraft von zwei herausragenden Mediengiganten, Bernd Eichinger und Helmut Dietl, eine Rolle.

Es war kein Zufall, dass beide das italienische Restaurant „Romagna Antica" so sehr schätzten, dass sie fast täglich dort aufkreuzten. Wenn es damals so etwas wie ein Wohnzimmer der Medienwelt gegeben hat, dann war es in der Elisabethstraße. An einem großen Tisch direkt am Schaufenster wechselten die Damen – Veronica Ferres, Iris Berben, Corinna Harfouch, Katja Flint, Hannelore Elsner oder Gudrun Landgrebe – aber nie das Trio: der Regisseur und Drehbuchautor Helmut Dietl, der Filmproduzent und Regisseur Bernd Eichinger und der Schriftsteller Patrick Süskind. Bewirtet wurden sie von Fabrizio Cereghini aus dem italienischen Trient, der zum Münchner Kultgastronom wurde, diskret, mal herzlich, mal muffig, stets authentisch. Eichinger bezeichnete das Lokal als sein zweites Zuhause. Es wurde zur Vorlage für die Filmkomödie „Rossini – oder die mörderische Frage, wer mit wem schlief" von Helmut Dietl und Patrick Süskind.

ZU GAST IM BUNTE-STUDIO, 1996
Barbara Rudnik, 37; Senta Berger, 54; Uschi Glas, 52,; Veronica Ferres, 30; Hannelore Elsner, 51; Katja Flint, 35 (v.l.)

TV-Divas

HUBERT BURDA MIT SOHN FELIX IM MÜNCHNER OLYMPIASTADION
Die Spiele des FC Bayern, vor allem Champions League-Begegnungen ab dem Jahr 1972 waren die große Sensation, die man „live" miterleben musste

Nach der Olympiade 1972 die Heimstätte Münchner Bundesliga-Clubs

Das Olympiastadion wurde von dem Architekten Günter Behnisch aus Stuttgart entworfen. Unter der beinahe schwerelosen Zeltarchitektur fanden 1972 die Wettkämpfe der 20. Olympiade statt. 1974 wurde hier das Finale der 10. Fußball-Weltmeisterschaft ausgetragen, das die deutsche Nationalmannschaft 2:1 gegen die Niederlande gewann. Das Ensemble der Olympiastätten wie der sie umgebende Freizeitpark bescherten München internationale Aufmerksamkeit und den Ruf einer modernen, weltoffenen, europäischen Metropole. Dem Fußballclub FC Bayern bot das Behnisch-Stadion die Chance zum Aufstieg in die Liga der europäischen Spitzen-Clubs. 1974, 1975 und 1976 gewann die Mannschaft dreimal hintereinander den Europa-Pokal der Landesmeister. Franz Beckenbauer hieß das weltweit umjubelte Fußballidol.

EINE REMINISZENZ AN DEN SCHWABINGER LIFESTYLE mit seinen Eisdielen und Cafés: Direkt am Spielplatz an der traditionsreichen „Münchner Freiheit" wurden der Regisseur Helmut Dietl (links) und der Schauspieler Helmut Fischer alias „Monaco Franze" (rechts) verewigt. Der Schweizer Bildhauer Nicolai Tregor (Mitte) gestaltete dieses Ensemble

Künstler, Bohémiens und Stars bringen München zum Leuchten

Film und Fernsehen hatten in München von jeher eine große Tradition.1925 drehte Alfred Hitchcock seinen ersten Kinofilm „Irrgarten der Leidenschaft" in den Studios von Geiselgasteig. Die Filmstudios (später „Bavaria Filmstadt") waren aus Platzgründen in Grünwald, südlich von München. Die Tradition aber der (bildenden) Künstler ging vom Stadtteil Schwabing aus. Dort gab es günstige Ateliers, und Künstler wie Kandinsky oder Poeten wie Rilke bildeten die Bohème.

Andy Warhol war in den 1980er-Jahren mit seinem „Superstar" Brigid Berlin in München bei Hubert Burda. 1983, für die Eröffnung der Burda-Verlagsgebäude an der Arabellastraße, gestaltete er hierfür das ikonische Bild „Images of Munich". In der Schackstraße trafen sich die Regisseure Rainer Werner Fassbinder, Volker Schlöndorff, Alexander Kluge oder Edgar Reitz. Später kamen dann die Studenten der Filmhochschule und die Filmschaffenden und Kritiker wie Enno Patalas hinzu.

Mit der Privatisierung des Fernsehens bekam der Medienstandort München einen großen Schub. Fernsehstationen und Produktionsfirmen siedelten sich an.

Auch der Bambi war oft Fokus dieser Entertainment Economy: In den Fernsehstudios in Unterföhring, im Arri Kino neben der Akademie der bildenden Künste, in den Bavaria Filmstudios oder im Deutschen Theater an der Schwanthalerstraße.

Durch die heraufziehende digitale Revolution würden sich Kunst und Medien mit ihrer „Bohème" ein weiteres Mal wandeln.

IN ZEHN EPISODEN DER FERNSEHSERIE „MONACO FRANZE – DER EWIGE STENZ" schuf der Regisseur Helmut Dietl (rechts) mit seinem Protagonisten, dem Schauspieler Helmut Fischer, ein Spiegelbild der Münchner „Gesellschaft" mit ihrem einzigartigen Lebensgefühl der bayerischen Gelassenheit und Lässigkeit

1

Burda, die Verlegerfamilie aus Offenburg, setzt in München seit den frühen 60er-Jahren als Gastgeber von spektakulären gesellschaftlichen Ereignissen Meilensteine. „Über den Bal paré hat mein Vater München erobert", erinnert sich Hubert Burda, der seit den 80er-Jahren in der bayerischen Hauptstadt Gastgeber der BAMBI-Verleihung ist und sie, wie sein Vater, den Bal paré als großes Kino betrachtet – mit der besten Besetzung auf der Bühne und im Publikum. Jeder Gast ist eine Klasse für sich, Prominenz vom Feinsten aus Politik, Wirtschaft, Kultur, Showbusiness. Und die Preisträgerinnen und Preisträger sind die Besten der Besten, nationale und internationale Topstars. Eine Sensation ist der BAMBI-Ausflug von München nach Leipzig. 1990, ein Jahr nach dem Mauerfall, jubeln die Bürgerinnen und Bürger auf dem Opernplatz über die erste gesamtdeutsche Preisverleihung. Gästeliste und Placement zu machen, seine Ansprache zu entwerfen ist für den Verleger wie Drehbuchschreiben. Die gemeinsamen Auftritte der Familie sind eine glamouröse Inszenierung, die von Herzen kommt.

2

3

4

1 **APPLAUS FÜR BURDA**
Traten bei BAMBI gern als Familie auf: Verleger Dr. Hubert Burda, seine Mutter Verlegerin Aenne Burda und seine Frau, die Schauspielerin Maria Furtwängler

2 **BAMBI GOES HOLLYWOOD**
Harrison Ford ist einer der vielen Stars, deren BAMBI seinen Ehrenplatz in der amerikanischen Filmmetropole bekommt

3 **OSCAR-STARS UNTER SICH**
Die BAMBI-Preisträger Harrison Ford und Armin Mueller-Stahl kennen sich aus Hollywood. Der amerikanische und der ostdeutsche Filmstar hatten beide eine Oscar-Nominierung

4 **BAMBI 1990 IN LEIPZIG**
Als Max Schmeling die Stufen zur Oper hinaufgeht, flippen die Leipziger geradezu aus. Im Saal ähnlicher Jubel, als David Hasselhoff seine Freiheits-Hymne live auf der Bühne schmettert

Ein Projekt der Rückschau und der Vorschau geht in die Geschichte der Literatur ein

Die Bilanz aller Förderaktivitäten des Verlegers Hubert Burda zeigt ein weites Spektrum von Interessen und Initiativen, denen aber ein Grundgedanke gemeinsam ist: Es geht immer um Innovation, um Kommunikation, um ein besseres Selbstverständnis der Gesellschaft und um ihre Zukunftsfähigkeit.

Ein gutes Beispiel hierfür war die Vortragsreihe „Das Ende des Jahrhunderts" zwischen 1992 und 1997 im Prinzregententheater. Philosophen, Wissenschaftler, Schriftsteller und Politiker, Komponisten, Architekten und Mediziner, die das 20. Jahrhundert entweder mitbestimmt oder es nachgedacht haben, sollten noch einmal den Geist wachrufen, der sie ihr Leben lang umgetrieben hatte. Als Zeitzeugen sollten sie Bilanz ziehen und einen Ausblick auf die Zukunft geben.

1

2

1 **BAMBI 1983**
Professor August Everding, hier mit Dr. Hubert Burda, war damals Generalintendant der Bayerischen Staatstheater und erhielt fünf Jahre später einen eigenen Bambi

2 **REDEREIHE „DAS ENDE DES JAHRHUNDERTS"**
Veranstaltungsreihe mit Professor Dr. August Everding (vorne) als Hausherr im Prinzregententheater. Neben ihm der Literaturnobelpreisträger Joseph Brodsky mit Dolmetscherin und Rachel Salamander, Literaturwissenschaftlerin, Journalistin und Organisatorin der Redereihe (l.)

Der junge Hubert Burda studierte in Schwabing, wo in der Türkenstraße, Georgenstraße und Giselastraße die Künstler der Kunstrichtung „Der Blaue Reiter" lebten und arbeiteten. 1959 war ein gewisser August Everding Oberspielleiter an den Münchner Kammerspielen. Dieser fast zwanghaft für die Bedeutung der Kultur kämpfende Workaholic wurde eine der einflussreichsten Kulturpersönlichkeiten des 20. Jahrhunderts …, und Hubert Burda erlebte 40 Jahre lang ihn und dessen Glaubenssatz „Kultur ist kein Luxus, sondern eine Notwendigkeit" aus nächster Nähe.

Aus voller Überzeugung unterstützte der Generalintendant der Bayerischen Staatstheater, Professor August Everding, nicht nur als Hausherr die Redereihe „Das Ende des Jahrhunderts". Sie basierte auf einem Konzept der Literaturwissenschaftlerin Rachel Salamander, Journalistin und Gründerin der „Literaturhandlung". So kam es auf der Bühne des Prinzregententheaters zu Begegnungen mit mitreißenden, anregenden Geistesgrößen wie Henry Kissinger, Carl Friedrich von Weizsäcker, dem phänomenalen Theatermann Peter Brook, den Philosophen Hans Jonas und Hans-Georg Gadamer.

Herausragend war der Beitrag des russisch-amerikanischen Nobelpreisträgers für Literatur, Joseph Brodsky. Er zitierte aus seinem Gedicht „Fin de siècle": „Bald endet das Jahrhundert, doch vorher ende ich." Tatsächlich verstarb er im Januar 1996 mit 55 Jahren.

Oktoberfest – 16 Tage lang dominiert

In den turbulenten Tagen vor dem ersten Sonntag im Oktober entwickelt die mit keiner anderen Stadt vergleichbare Kulturszene einen eigenartigen Minderwertigkeitskomplex. Ihr gilt das Oktoberfest als Beweis für die falsche These, dass in München leicht konsumierbare Events regieren und der Hochkultur mit Anspruch nur ein Nischendasein bleibt.
Doch die ganze übrige Welt ist begeistert von diesen 16 Tagen auf der Wiesn – aus denen 17 oder 18 werden, wenn der Tag der Deutschen Einheit auf einen Montag oder Dienstag fällt. Bayern wie es singt und lacht, Geselligkeit frei von Standesdünkel. Den beispiellosen Trachten-Hype nähren klassische knielange Dirndl und der Janker mit Hemd und Lederhose nach der Tracht von Bauern und Taglöhnern im 19. Jahrhundert. Abseits geht es im südwestlichen Teil auf der „Oiden Wiesn" nostalgisch-gemütlicher zu, mit historischen Fahrgeschäften und dunklem Spezialbier im Steinkrug.

WIESN-MOMENTE 1
Dr. Hubert Burda mit seinem Geschäftspartner seit 1966, Helmut Markwort

die kulinarisch freudvolle Kultur

WIESN-MOMENTE 3
Zwei bis drei Wiesn-Besuche sind die Norm: Dr. Hubert Burda mit seinem Freund Willy Bogner und dem Tennis-Profi Stefan Schaffelhuber (r.) und dessen Ehefrau

WIESN-MOMENTE 4
Treffen mit Freunden, Zeit für Gespräche, Begeisterung über Musik … solche Inhalte prägen ebenfalls das Ritual eines Oktoberfestabends

WIESN-MOMENTE 2
Model und Sängerin Eva Padberg (l.) und Moderatorin und Unternehmerin Verona Pooth vertrauen sich einem Wiesn-erfahrenen Gastgeber an

WIESN-MOMENTE 5
Verleger Hubert Burda hat eine Vorliebe für Bayern seit Kindestagen – hier im Hippodrom begleitet von den Assistentinnen Susanne Heumann (l.) und Ruth Gudlat (r.). Strahlend im Hintergrund Angela Wepper

Münchner Freundschaften, die fürs Leben halten

LEIDENSCHAFT VERBINDET
Hubert Burda und Willy Bogner lernen sich als junge Männer in München kennen. Sie teilen ihre Leidenschaft für die Berge und fürs Skifahren. Beide sind Söhne aus Unternehmerfamilien, übernehmen die Firmen ihrer Eltern und führen sie zu internationalen Erfolgen

BRANCHEN-ÜBERGREIFENDE FREUNDESCLIQUE
Hubert Burda und der Herrenausstatter Harry Lindmeyer mit dessen Lebensgefährtin Doris Brugger, die Giorgio Armani in Deutschland vertritt. Friedrich Karl Flick, Herrscher über ein Industrie-Imperium, versteht sich blendend mit Poldi Prinz von Bayern

SCHUMANN´S BAR MÜNCHEN
Bei Bar-Legende Charles Schumann ist Hubert Burda immer wieder gerne zu Gast

DER CHEF ALS KOLLEGE
Hubert Burda ist ein geselliger Typ. Bei Betriebsausflügen greift er schon mal zum Dirigentenstab oder stimmt einen Chor an. Und trinkfest ist er auch. Als Winzer liebt er natürlich gute Weine. In München darfs auch gern ein Bierchen sein

FRÜHE WEGGEFÄHRTEN
Hubert Burda und Roger Fritz, der gelernte Bäcker, der als Schauspieler, Filmemacher und Fotograf internationale Erfolge feiert, haben in München als junge Männer viel gefeiert und viel voneinander gelernt, über Gott und die Welt und über die Frauen

ALTE SEILSCHAFTEN
Hubert Burda mit dem Münchner Filmproduzenten Luggi Waldleitner und mit dem Schauspieler Fritz Wepper, einem seiner engsten Freunde. Rechts der Anwalt Wolfgang Seybold, der die Idee zur Münchner Sicherheitskonferenz hatte

DAS LEBEN KANN SO WITZIG SEIN
Hubert Burda mit dem Schweizer Unternehmer und Tausendsassa Carl Hirschmann, der immer einen Scherz auf den Lippen hat. Auch Fritz Wepper hat gut lachen

Die Kapitale der deutschen Kulinarik

DER LETZTE SCHLIFF – VOR DER REVOLUTION
Ein kurzer Aufenthalt beim einzigartigen Paul Bocuse zur Inspiration, danach kreierte Eckart Witzigmann die neue deutsche Küche

IM MÜNCHENER STERNEHIMMEL
übergibt Starkoch Eckart Witzigmann das Restaurant „Tantris" an seinen Kollegen Heinz Winkler, der die beiden Michelin-Sterne verteidigen sollte – während Witzigmann sich mit seiner „Aubergine" für Gourmets mit drei Sternen unsterblich macht.
Im Hintergrund Georges-Louis Puëch, Grandseigneur der PR-Agenturen

SCHON BEIM NÄCHSTEN KUNDEN – GERD KÄFER
Er revolutionierte das deutsche Party-Catering und machte mit viel Fingerspitzengefühl unzählige Burda-Events unvergesslich

Wer in den achtziger und neunziger Jahren des letzten Jahrhunderts in Deutschland kulinarisch mitreden wollte, musste mindestens einmal in der „Aubergine“ bei Eckart Witzigmann oder im „Tantris“ bei Heinz Winkler in München gegessen haben. Beide wurden vom Restaurantführer Michelin mit drei Sternen ausgezeichnet und waren das Mekka der deutschen Feinschmecker!

KURZES SAMMELN
Hubert Burda vor einer gewohnt launigen Rede. Im Glas ein „Franzensberger“ seines Weingutes

Witzigmann und Winkler waren Schüler von Paul Bocuse in Frankreich und zeigten deutschen Schnitzelessern den Weg zur französischen Haute Cuisine. Witzigmanns „Aubergine“ wurde 1979 als erstes deutsches Restaurant mit drei Sternen prämiert. Aber auch ein Restaurant ohne einen Michelin-Stern war Treffpunkt für Politik, Kunst und Wirtschaft: das „Boettners“ in der Theatinerstraße 8. Gastgeber Frank Hartung verwöhnte seine honorigen Gäste mit Lachs, Kaviar, Langusten und Hummer. Nirgendwo wurde mehr „Hummer Thermidor“ serviert als im „Boettners“. Zu konspirativen Gesprächen trafen sich Stammgäste wie der frühere Ministerpräsident Franz Joseph Strauß und auch Johannes Fürst von Thurn und Taxis. Exklusive Speisen, große Weine, sehen und gesehen werden waren das Motto im Traditionsrestaurant „Käfer-Schänke“ in der Prinzregentenstraße in Bogenhausen. Multigastronom Gerd Käfer war der „Bayerische Tafeldecker“, wie er sich selbst bezeichnete. Sein exklusiver Partyservice war einmalig, und niemand vor ihm zelebrierte das so kunstvoll in Deutschland. Eine andere Ikone im Gastro-Gewerbe war und ist Barchef Charles Schumann. Seine Bar in der exklusiven Maximilianstraße war Kult, Treffpunkt für Intellektuelle, Journalisten, Künstler und natürlich auch der Münchener „Schickeria“. Wer sich mit ihm duzte und einen Platz an einem der kleinen Tische bekam, fühlte sich geadelt – jenseits der „Bussi-Bussi“-Gesellschaft.

IM SÉPARÉE DER KÄFER-SCHÄNKE
Hubert Burda mit Arianna Huffington (Huffington Post) und Linde-Vorstand Wolfgang Reitzle

Drehkreuz des Südens

17. MAI 1992 – TAG EINS DES NEUEN MÜNCHNER FLUGHAFENS
Der Umzug vom 40 km entfernten Riem musste in einer Nacht über die Bühne gehen. Am 16. Mai 1992 flog das letzte Flugzeug dort ab: eine Boeing 737 (D-ABJD, „Freising") der Deutschen Lufthansa startete Richtung Berlin. Heute gehört der Flughafen München zu den 10 verkehrsreichsten Luftfahrt-Drehkreuzen in Europa

PAN AM-MASCHINE AUF DEM FLUGHAFEN VON MÜNCHEN-RIEM, 1966
Ab 1939 war das der Flughafen der bayerischen Landeshauptstadt und wurde aufgrund seiner Nähe zum dicht besiedelten Stadtgebiet 1992 geschlossen. Heute befinden sich die Messe München und Wohnanlagen auf diesem Gebiet

DAS ATRIUM ZWISCHEN TERMINAL 1 UND 2 DES MÜNCHNER FLUGHAFENS
Es bietet Platz für Veranstaltungen, Einkaufsmöglichkeiten und Gaststätten für Besucher

LUFTAUFNAHME DES FLUGHAFENS FRANZ JOSEPH STRAUSS, MÜNCHEN
Ursprünglich waren vier Start, und Landebahnen geplant, man einigte sich später auf zwei. In einem Moorgebiet im Erdinger Moos wurde dieser hochmoderne Flughafen gebaut und bietet viele Arbeitsplätze. Das Konzept, alle drei Verkehrssysteme mit kurzen Wegen zusammenzuführen, wurde von den Architekten Busse, Blees, Büch und Kampmann verwirklicht

ANGEDOCKTE FLUGZEUGE AM MÜNCHNER FLUGHAFEN
Als das Terminal 1 an seine Kapazitätsgrenzen stieß, baute die Flughafen München GmbH und die Deutsche Lufthansa AG das Terminal 2, das nur für Lufthansa und Star-Alliance-Flüge verwendet wird. Es wurde 2003 eröffnet

HUBERT BURDA IM FLUGZEUG
auf dem Flug von Chicago nach Boston in den 1990ern

München und Burda: Der Start ins digitale Zeitalter, Start-Up-Szene, Digital Life Design und eine große Ehrung

Der Einzug von „Personal Computer“ und „Smartphone“ löste nach der Jahrtausendwende eine technologische Revolution der Gesellschaften weltweit aus. Das bekamen die Stadt München ebenso wie die Firma „Hubert Burda Media“ zu spüren. Für die Landeshauptstadt bedeutete es, sich zum attraktiven Standort für „Start-ups“ in Europa zu entwickeln und gleichzeitig ihr Freizeitangebot zu steigern. Die 2005 eröffnete „Allianz-Arena“, nicht nur ein Fußballstadion, sondern ein architektonisches Highlight im Norden der Stadt, symbolisierte die neue Aufbruchsstimmung.

Die Hubert Burda Media wandelte sich zu einem Konzern, der neben dem Zeitschriftenverlag einen kräftig expandierenden Internet-Bereich aufbaute.

Hubert Burda ging es dabei immer auch um das Verständnis und die Deutung der kulturellen Folgen des technologischen Umbruchs. Der promovierte Kunstwissenschaftler erkannte früher als andere Verleger, dass die Computerrevolution vor allem eine visuelle Wirkung auslöst, also Bilder gegenüber Texten eine neue, intensivere Form der Kommunikation erzeugen. Mit einer Vortragsreihe in der LMU – in den Jahren 2001 bis 2004 – unter dem Titel „Iconic turn“ konnte Hubert Burda nationale und internationale Wissenschaftler und Philosophen gewinnen, die große Herausforderung der Internet-Revolution zu reflektieren. Damals war er Vorsitzender des Hochschulrates der LMU und schuf für seine Alma Mater ein einmaliges Ereignis geistiger Auseinandersetzung. Die Vortragsreihe wurde 2005 durch den DLD (Digital Life Design) fortgesetzt, einer Internet-Konferenz und Kontaktbörse, die anfangs Pionierleistungen für die Begegnung und den Austausch der neuen internationalen Computer-Generationen erbrachte. Steffi Czerny und der israelische Unternehmer Yossi Vardi organisieren noch heute Europas wichtigste „Tech-Conference“. Zusammen mit Hubert Burda gelten sie heute als „Proms der Digital World“.

Neben diesen beiden sehr erfolgreichen Veranstaltungen, die dem Ruf Münchens über die Grenzen hinaus gedient haben und dienen, hat sich der Verleger für den Neubau der Synagoge und des Gemeindehauses der Israelitischen Kultusgemeinde München am Jakobsplatz eingesetzt. Im Jahr 2006 fand die Jüdische Gemeinde im Stadtzentrum ihre neue Bleibe, eine in Deutschland ungewöhnliche Begebenheit. Der große Gemeindesaal trägt den Namen „Hubert-Burda-Saal“.

Im Jahr 2018 ernannte die Stadt München ihn zum Ehrenbürger. Oberbürgermeister Dieter Reiter lobte den Unternehmer, der mit Hubert Burda Media einen so wichtigen Wirtschaftsfaktor in der Stadt darstelle, aber auch den Mäzen und Stifter, der mit seinen kulturellen Initiativen München reicher gemacht habe. Ehrenbürger der Stadt München: Eine Geschichte von Zuneigung und wirtschaftlichem Engagement fand ihre Erfüllung.

BURDA München Projekt 7

2000

Die Jahrtausendwende

ZUKUNFTSPREIS FÜR BECKENBAUER, 2005
Der Präsident des Organisationskomitees der Fußballweltmeisterschaft 2006, Franz Beckenbauer, bedankt sich bei dem Verleger Hubert Burda für die Laudatio

BAMBI-TROPHÄEN ERREICHEN MÜNCHEN, 2005
Mit dem Fußball-Weltmeisterzug von1954 bringen der Vorsitzende des Organisationskomitees für die Fußball-WM 2006, Franz Beckenbauer (l.), Bahnchef Hartmut Mehdorn (M.) und der Verleger und Gastgeber der Bambiverleihung, Hubert Burda (r.), die Bambi-Trophäen in den Hauptbahnhof von München, wo 2005 die Bambi-Preisverleihung stattfand

Zukunftspreis für Franz Beckenbauer

Die CDU-Sozialausschüsse (CDA) vergaben ihren Zukunftspreis im Jahr 2005 an Fußball-Idol Franz Beckenbauer. Der Arbeitnehmerflügel der CDU würdigte mit seiner Entscheidung die vom Präsidenten des FC Bayern München gegründete Beckenbauer-Stiftung. Die Stiftung hilft behinderten und unverschuldet in Not geratenen Menschen. Der CDA-Zukunftspreis wurde am 22. April überreicht. Mit ihm werden seit 1997 Persönlichkeiten geehrt, die durch ihr Wirken und ihre Ideen Erfolg und gesellschaftliches Engagement miteinander verbinden.

Die Laudatio hielt Dr. Hubert Burda, CDA-Preisträger des Vorjahres, im Plenarsaal des ehemaligen Bundestages in Bonn. Die Jury habe sich für Beckenbauer entschieden, weil sein Name nicht nur für sportliche Erfolge stehe, sondern auch für die Verbindung von persönlichem Erfolg und sozialer Verantwortung. „Sein Herz für die Menschen, sein Charisma und seine Bereitschaft, für andere einzutreten, machen ihn zu einem Vorbild für unsere Gesellschaft", so Verleger Hubert Burda in seiner Laudatio. Als Chef des Organisationskomitees zur WM 2006 hat Franz Beckenbauer maßgeblich dazu beigetragen, die WM nach Deutschland zu holen.

MIT DYNAMIK VORAUS
Hubert Burda bei der Bambi-Verleihung 2013 in Berlin

1

Entertainment Economy

Schon seit seiner Jugend in Offenburg spielt Hubert Burda Trompete. Auf der Bühne, privat oder in der Firma – die Unterhaltung ist ihm schon in die Wiege gelegt. Die Eltern sind gerne mit der Belegschaft zusammen, ob bei der Fasnet mit der Betriebskapelle, bei Geburtstagen, Festen oder zu Hause: Die Musik und die Freude am Feiern wird gelebt. Hubert Burda hat dies oft zelebriert und setzt die Trompete gerne an – ihn begeistern die klassischen Jazzklänge.

Von Offenburg in die Welt. Angefangen hat die Drucktradition bei Burda mit seinem Großvater und Vater. Die BUNTE und Burda Moden brauchten große Druckaufträge, die Burda in Offenburg abwickelte. In den 1970er- und 80er-Jahren war Burda international der größte Tiefdrucker der Welt. Heute ist der Bereich Druck mit den Werken in Offenburg und in Vieux-Thann (Frankreich) eines der größten Druckunternehmen Europas. Seine Unternehmen sind auf die Herstellung hochwertiger Zeitschriften, Kataloge und Werbedrucke im hochauflagigen Tiefdruck spezialisiert. Auch alle dafür notwendigen Dienstleistungen sind im Angebot.

2

1 **HUBERT BURDA, 2006**
spielt Trompete beim 70. Geburtstag für Helmut Markwort in der Allianz-Arena, München

2 **EIN TIEFDRUCKZYLINDER IN DER DRUCKEREI IN OFFENBURG**
Druckzylinder sind Hightech aus Kupfer. Jeder neue Druckauftrag wird neu belichtet und eingeätzt, um dann in idealer Verteilung und Auflösung vom Druckzylinder auf Papier gedruckt zu werden

1

1 **DER LETZTE OFFIZIELLE PETRARCA-PREIS WURDE 2014 VERGEBEN**
Seitdem finden weiter jährlich, meistens in der Sommerzeit – an den längsten Tagen des Jahres, – Petrarca-Feste statt. Hier versammelt sich die Festgemeinde im traditionsreichen Garten der Schackstraße in München. Davor gab es in diesem Jahr Dichterlesungen im nahe gelegenen Lyrik-Kabinett (von der Stifterin Ursula Haeusgen zu einer der größten Lyrik-Bibliotheken Europas aufgebaut) sowie in der Bayerischen Akademie der Schönen Künste in der Residenz.

„Die Geschichte des Petrarca-Preises ist eine Geschichte der Freundschaft."

DR. HUBERT BURDA über das Sommerfest

2

2 TOPMODEL TONI GARRN
Das Gesicht der Elle-Jubiläumsausgabe war aus New York angereist

3

3 (v.l.) Sabine Nedelchev, Toni Garrn, Hubert Burda, Patricia Riekel, Franziska Gräfin Fugger von Babenhausen und Beate Wedekind (erste Chefredakteurin der deutschen ELLE)

30 Jahre starke Frauen

Unternehmerischer Mut und eine Vision: Vor 30 Jahren brachte Hubert Burda das internationale Fashion-Magazin ELLE nach Deutschland. Am 12. Oktober 2018 fand anlässlich des 30. Geburtstags der deutschen ELLE auf Einladung von Burda-Vorstand Philipp Welte, Burda Style-Geschäftsführerin Manuela Kampp-Wirtz und ELLE-Chefredakteurin Sabine Nedelchev eine kleine, feine Jubiläumsfeier bei Verleger Hubert Burda in der Münchner Schackstraße statt. In traumhafter Kulisse bei sommerlichen Temperaturen feierten 40 ausgesuchte Gäste aus Mode, Kunst und Wirtschaft den runden Geburtstag. Darunter langjährige Freunde und Wegbegleiter der ELLE und des Verlegers. Den Aperitiv gab es im Garten, das Menü im Stadtpalais am Siegestor von Sternekoch Bobby Bräuer.

Die Esche von München

DIREKT AM SIEGESTOR IM GARTEN AN DER SCHACKSTRASSE
steht eine Esche, die Peter Handke als Gast in seiner „Fabel der Esche von München" Ende der 1980er-Jahre beschreiben sollte

DIE FESTTAFEL IN DER DÄMMERUNG
... im Garten der Schackstraße beim Petrarca-Sommerfest 2014

WIE DIE MEDIEN SICH ÄNDERN
Hubert Burda im Dezember 2014 bei der Vorstellung seines Buches „Notizen zur digitalen Revolution 1990 – 2015" in der Schackstraße

Heute ein Ausgangspunkt für literarische Führungen durch München – die Esche am Siegestor. Peter Handke hat die Esche in einem „Dialog mit der Natur" verewigt:

„An einem Tag, Ende Oktober 1989 aber, dunkles klares Herbstlicht und Sturm, trat der Baum aus seinem üblichen – wie auch immer lieb gewordenen Bild heraus – und überraschte als ein Ort des Geschehens. Ort des Geschehens? Nein. Die Esche selbst wurde von einem Bild zum Geschehen. Womit begann es? Was geschah zuerst? Zuerst geschah die Farbe der Rinde des sehr dicken, von vielleicht zwei Männern und einem Kind zu umspannenden Stamms."

(...) „Und später am Vorabend jenseits, in der Prinzregentenstraße, ein Blick in eine Straßenbahnschiene: Sand, Laub und Kiesel, die für den Moment zu der Geschichte der Esche am Siegestor gehörten."

MITTE: HUBERT BURDA MIT MICROSOFT-GRÜNDER BILL GATES, 1994
beim World Economic Forum in Davos

Mit den Personen

HUBERT BURDA MIT FACEBOOK-GRÜNDER MARK ZUCKERBERG, 2009
im Schumanns in München

HUBERT BURDA MIT GOOGLE-GRÜNDER SERGEY BRIN , 2004
beim World Economic Forum in Davos

des 21. Jahrhunderts

AMAZON-GRÜNDER JEFF BEZOS ZU BESUCH IN HUBERT BURDAS BÜRO IN MÜNCHEN, 2012
Bezos' Geschäftsmodell des E-Commerce hat die Art und Weise verändert, wie wir heute einkaufen

ICONIC TURN, 2004
Buch zur Vortragsreihe „Iconic Turn"

„Mit der Digitalisierung, die auf der Elektrizität beruht, ist es jetzt möglich, jeden Punkt der Erde zu erreichen, sich mit jedem Punkt zu verbinden, auszutauschen, Texte und Bilder und Filme zu senden."

VILÉM FLUSSER (MEDIENTHEORETIKER), 1987

Der Iconic Turn – wie die Bilder und deren Verwendung die Welt (der Medien) revolutioniert

ICONIC TURN, 2002
Dr. Hubert Burda
am Rednerpult

ICONIC WORLDS, 2006
Buch zur Vortragsreihe „Iconic Turn"

Die beiden Kunsthistoriker Hubert Burda und seine erste Frau Christa Maar organisierten in den Jahren 1994 bis 2004 eine Zukunftskonferenz: „Die Akademie zum dritten Jahrtausend". Es kamen dort Experten aus den verschiedensten Wissenschaftsgebieten zusammen, um die Auswirkungen der digitalen Revolution auf das Lernen, die Neurowissenschaften, die Zukunft der Städte, auf die Kommunikation von Politik und Bürgern und auf die Medizin zu erörtern.

2002 nach dem Tod ihres Sohnes, der auch Kunsthistoriker war, organisierten sie in dessen Andenken an der Ludwig-Maximilians-Universität in München eine Vortragsreihe mit dem Titel „Iconic Turn – Felix Burda Memorial Lectures". Das Ziel dieser über 4 Semester organisierten Lectures war es, das neue Bild der Welt durch interdisziplinäre Vorlesungen darzustellen. 34 Experten kamen dort zu Wort, darunter die Architekten Norman Foster und Rem Koolhaas, der Filmemacher Wim Wenders und die Kunsthistoriker Hans Belting und Gottfried Boehm.

Welcome
Welcome
Welcome
Digital
Lifestyle
Day 05
Munich, 22 February
Hubert
Burda
Media

1

2

DLD – die Anfänge

Hubert Burda Media war eine der ersten Gründungsmitglieder und Förderer von Klaus Schwabs „World Economic Forum“ (WEF) in Davos. Diese Konferenz findet immer Anfang des Jahres in der Schweiz statt. Viele Unternehmer und Manager aus der internationalen Digitalwirtschaft nehmen daran teil. Hubert Burdas Idee, vor dem WEF einige dieser Entscheider einzuladen, mündet im ersten DLD (Digital Lifestyle Day) in München im Jahr 2005. Initiiert zusammen mit dem Digital-Pionier Yossi Vardi aus Israel, war schon der erste DLD ein Erfolg: Über 200 Vertreter aus Industrie, Design, Kommunikation und Medien trafen sich im Münchner Schloss Nymphenburg.

3

1 **HUBERT BURDA**
kommt bei dem von ihm organisierten ersten „DLD“ am Münchner Schloss Nymphenburg an

2 **STEPHANIE CZERNY**
organisierte mit Hubert Burda von Anfang an den DLD

3 **YOSSI VARDI MIT HUBERT BURDA**
beim ersten DLD

Der DLD nimmt Fahrt auf

Das Erfolgsrezept des DLDs war immer die Mischung an Teilnehmern. Nicht nur eine „normale" Tech- oder Wissenschaftskonferenz, sondern auch eine, die Kunst und Literatur einbezieht – Programmieren und Malen im digitalen Raum als Kunstform. Der Hauptevent findet immer im Januar jeden Jahres in München statt. Es gibt aber auch zahlreiche internationale DLDs, zum Beispiel in Singapore, in den USA (Silicon Valley und New York) oder in Israel. DLD ist digitale Avantgarde. DLD ist Story telling. DLD sind unvergessliche Diners und Partys. Die Teilnehmer lernen von anderen Teilnehmern und es entstehen Geschäftsbeziehungen und Freundschaften.

VERLEIHUNG DES AENNE BURDA AWARD, 2009
Dr. Hubert Burda und Esther Dyson, Steffi Czerny auf der DLD Conference-Digital Lifestyle Design im HVB Forum in München

HUBERT BURDA UND YOSSI VARDI
beim DLD, 2006

DLD STARNIGHT IM HAUS DER KUNST IN MÜNCHEN, 2009
Eine junge blonde Sängerin, Stefani Germanotta alias Lady Gaga, trat 2009 auf der DLD-Konferenz auf. Da war sie noch unbekannt. Niemand ahnt, dass Lady Gaga der erste Mega-Star der Internet-Generation sein wird. Zehn Jahre später performt sie in Stadien und bekam 2019 den Oscar für den besten Song im Film „A Star is Born“

15 Jahre DLD

Eine Zeit, die viele Fragen stellt und die es mit ebenso überraschenden wie fundamentalen Veränderungen zu tun hat: von Google bis Facebook, von Instagram bis Snapchat, von Medizintechnologie bis Künstlicher Intelligenz. Traditionelle Industrien wie die Medien, Zeitschriften, Fernsehen und Radio müssen sich neu definieren. Aus aller Welt kommen Entscheidungsträger aus Politik, Wirtschaft und Kunst persönlich zusammen und suchen nach neuen Antworten.

DLD 2020 IN MÜNCHEN
in der alten Kongresshalle. Bei einer Keynote spricht Thierry Breton (EU Kommissar für Binnenmarkt und Dienstleistungen)

HUBERT BURDA BEGRÜSST SEINE GÄSTE BEIM DLD IN MÜNCHEN, 2009
In diesem Jahr war unter anderem Mark Zuckerberg zu Gast, bevor Facebook zum globalen Hype im Social Media wurde

DLD MUNICH CONFERENCE, 2022
Steffi Czerny (Managing Director of DLD Media), Dr. Joseph (Yossi) Vardi (Co-Chairman of DLD). In der Regel fordert Vardi bei jeder Konferenz die Teilnehmer im Auditorium auf, ihren Nachbarn zu begrüßen

HUBERT BURDA BEGRÜSST SEINE GASTGEBER BEIM DLD

DER OLYMPIA-PARK
Seitdem die Olympischen Sommerspiele 1972 in München stattfanden, gilt dieser Park mit seinem Stadion, Schwimmhalle und anderen Sportstätten als eine der erstaunlichsten architektonischen Leistungen weltweit. Die Zeltdach-Architektur von Frei Otto ist ikonisch. Von den Einheimischen ist er als Naherholungspark genutzt und beliebt. Das Ensemble ist seit 1998 denkmalgeschützt

„BURDA LÄUFT" IM OLYMPIASTADION, 2007
Weit über 300 Teilnehmer und insgesamt 2.110 gelaufene Kilometer: Die fünfte Ausgabe von „Burda läuft!" hat alle Rekorde gebrochen. Nach gemeinsamem Lauf und anschließendem Fußballspiel feierten 500 Gäste im Olympiastadion. Organisiert wurde das Finale in diesem Jahr zum ersten Mal von der Burda Sports Group

„BURDA LÄUFT" IM OLYMPIASTADION, 2008
Hubert Burda gibt das Startsignal. Seine Tochter Lisa (vorne im Bild) ist passionierte Läuferin. „Fit for Fun" – eine Zeitschrift für den Sport Lifestyle – war zu diesem Zeitpunkt noch im Burda-Portfolio

Burda unterstützt den Sport in München

Als passioniertem Tennis- und Golfspieler, Skifahrer und Alpinist war Hubert Burda und seiner Familie immer daran gelegen, den Sport medial zu unterstützen.

1

2

3

1 **FEIERLICHE ERÖFFNUNG DES NEUEN JÜDISCHEN ZENTRUMS IN MÜNCHEN, 2006**
Hier die Innenansicht der Synagoge

2 **HUBERT BURDA MIT DEM BUNDESPRÄSIDENTEN HORST KÖHLER** bei der Eröffnung

3 **BEI DER ERÖFFNUNG DES JÜDISCHEN ZENTRUMS** in München begrüßt Charlotte Knobloch (r.) die Gäste: Hubert Burda, Patricia Riekel und Helmut Markwort

4 **HUBERT BURDA**
mit seinem Redemanuskript vor dem Festakt

4

Die Münchner Synagoge als Zentrum der Kultur

Die Unterstützung der jüdischen Kultur hat in der Familie Burda Tradition.

Im Jahr 2010 entschied sich Hubert Burda, den Bau des Jüdischen Zentrums mit einer Million Euro zu unterstützen.

In München stand seinerzeit die zweitgrößte Synagoge Deutschlands. Sie wurde im Juni 1938 unter dem NS-Regime abgerissen. Im November 2003 begannen die Bauarbeiten für den Wiederaufbau der Synagoge, der Bau des Jüdischen Gemeinde- und Kulturzentrums und des Jüdischen Museums.

Mit einem Festakt mit 1200 geladenen Gästen wurde das Gemeindezentrum im November 2006 eröffnet.

Der Münchner Oberbürgermeister Christian Ude übergab Charlotte Knobloch, die zugleich Münchener Gemeindepräsidentin ist, die Schlüssel für das Gotteshaus.

Sie lobte Hubert Burda als Initiator vieler deutsch-jüdischer Projekte: „Mit seinem beispielgebenden Engagement und seiner Kenntnis der jüdischen Religion, der jüdischen Kultur und der jüdischen Geschichte ist er geradezu berufen, um als Brücke und Mediator zu agieren.“

1

2

3

1 **OHEL-JAKOB-MEDAILLE-EHRUNG FÜR HUBERT BURDA, 2009**
Für seinen persönlichen und finanziellen Einsatz zur Errichtung dieses Gotteshauses und seinen Verdienst um die jüdische Gemeinde wurde Verleger Hubert Burda ausgezeichnet. Charlotte Knobloch, Präsidentin der Israelitischen Kultusgemeinde München sowie des Zentralrates der Juden in Deutschland, überreichte ihm die Ohel-Jakob-Medaille. Das Besondere an der Verleihung: Sie fand in dem nach Hubert Burda benannten Saal im Jüdischen Gemeindezentrum am Jakobs-Platz statt. Auch der ehemalige bayrische Ministerpräsident Günther Beckstein erhielt die Medaille, deren Vergabe mit Gästen aus Politik, Kirche und Gesellschaft im Rahmen des traditionellen Chanukka-Festes stattfand. Auf dem Bild: Hubert Burda (r.) mit Rachel Salamander und Oberbürgermeister Christian Ude.

2 **AUSSENANSICHT DES JÜDISCHEN ZENTRUMS UND DER NEUEN SYNAGOGE AM JAKOBS-PLATZ IN MÜNCHEN, 2006**

3 **BURDA SPENDET EINE MILLION FÜR BAU DES JÜDISCHEN ZENTRUMS, 2005**
Die Präsidentin der Israelitischen Kultusgemeinde in München, Charlotte Knobloch, bekommt in München, von Verleger Hubert Burda (l.) einen Scheck über eine Million Euro für den Bau des Jüdischen Zentrums überreicht. Beim Festakt im Prinz-Carl-Palais mit dabei: der bayerische Ministerpräsident Edmund Stoiber (CSU, r.) und Münchens Oberbürgermeister Christian Ude (2.v.l). Auf 5500 Quadratmetern Fläche entsteht am Münchner Jakobsplatz eine Synagoge, das Gemeinde- und Kulturzentrum sowie das Jüdische Museum. Die Investitionssumme für den Gebäudekomplex beträgt rund 57 Millionen Euro.

GEBURTSTAG VON HUBERT BURDA. HIER MIT ANGELA MERKEL, 2010
Empfang und Diner anlässlich seines 70. Geburtstags im Februar 2010

Das Fest als Kunstwerk

HUBERT BURDA FEIERT MIT SEINER FAMILIE UND GÄSTEN SEINEN 70. GEBURTSTAG
im Kaisersaal der Münchner Residenz, 2010

Es war die Genialität der Familie Medici, mit ihren Festen in Florenz den Machtanspruch der Familie zu definieren. Katharina von Medici heiratete Heinrich II. und wurde so Königin von Frankreich wie Maria von Medici durch ihre Heirat mit Heinrich IV. Das Fest wird zum Medium, mit dem man den Hof regiert. Am Ende steht die Grande Galerie von Versailles genauso wie die Bartholomäusnacht von 1572.

Der Kaisersaal in der Münchner Residenz wird gerne bei hochrangigen Einladungen der Politik und Wirtschaft genutzt. Hubert Burda feierte hier seinen 70. und 75. Geburtstag. Auch die Chairmen's Diners des DLD finden hier regelmäßig statt. Die Mischung der Gäste und die Gespräche, die man bei solchen Festen führt, sind das eigentliche große Ereignis.

Die Allianz Arena in München – ein Stadion mit medialer Weltwirkung

Ende der 1990er-Jahre waren die zwei Traditions-Fußballmannschaften in München – FC Bayern München und TSV 1860 München – beide erfolgreich. Sie spielten im Olympiastadion (das kein originäres Fußballstadion war) und der Plan war es, dieses fußballgerecht zu renovieren. So schön diese Idee war, hatte sie einen Haken: Das Stadion war denkmalgeschützt und konnte nicht umgebaut werden. Nach langen Diskussionen, Umbau oder Neubau, schlossen der FC Bayern und der TSV 1860 2001 ein Bündnis zum Neubau eines eigenen Stadions. 66.000 Plätze und modernste Architektur sollten in Zukunft die Zuschauer ins Stadion locken; im selben Jahr fiel ein Bürgerentscheid mit überwältigender Mehrheit für einen Neubau aus.

Im Mai 2005 wurde das Stadion im Norden von München eröffnet und ist seitdem eines der bekanntesten Fußballstadien weltweit. Es beherbergt heute den international erfolgreichen Fußballclub Bayern München und ist bei dessen Spielen regelmäßig ausgebucht.

Bei nationalen Spielen hat die Arena 75.021 Plätze, zusammengesetzt aus 57.343 Sitzplätzen, 13.794 Stehplätzen, 1.374 Logenplätzen, 2.152 „Business Seats" (einschließlich 102 Sitzplätzen für Ehrengäste) und 966 Sponsorenplätzen. Im Sommer 2022 fand hier in Deutschland erstmalig ein Regular Season-Spiel der US-amerikanischen National Football League (NFL) statt.

LUFTAUFNAHME DER ALLIANZ ARENA, 2022
mit Olympiaturm links im Hintergrund

ALLIANZ ARENA, 2022
Innenansicht bei einem Spiel des FC Bayern München

ADIDAS-CHEF HERBERT HAINER, 2007
zu Gast bei Hubert Burda. Sie diskutierten bei einem Publishers Lunch mit Geschäftsführern und Chefredakteuren aktuelle Trends und Entwicklungen im Sportartikelmarkt und mediales Sponsoring

HUBERT BURDA MEDIA LOUNGE, 2011
Von 2005 bis 2011 mietete Hubert Burda Media eine Lounge, um Gäste und Geschäftspartner bei Spielen einzuladen

Von Petrarca bis Hermann Lenz

„Unsere Jurysitzungen gehören in meiner Erinnerung zu den schönsten Stunden in meinem Leben“

Für Michael Krüger hatten die Jurysitzungen etwas Magisches. Man traf sich, um zu entscheiden, welche Literatur, welche Bücher, welche Lyrik, welches Werk einer Dichterin oder eines Dichters zu prämieren sei. Neben dem Stifter Hubert Burda bestand die Jury über die Jahre aus: Nicolas Born, Bazon Brock, Lars Gustafsson, Peter Hamm, Zbigniew Herbert, Alfred Kolleritsch, Michael Krüger und Urs Widmer. Peter Handkes spirituelle Zielrichtung dabei war immer: „Der Sinn des Preises? Die Poesie zu fördern, die den Leser immer wieder fragt: Wer bist du, der das liest?“ Die Preise, die dabei entstanden, waren neben dem Petrarca-Preis der Petrarca-Übersetzer-Preis, der Nicolas-Born-Preis, der Hermann-Lenz-Preis und der Preis für junge osteuropäische Lyriker.

HERMANN-LENZ-PREIS, 2002
Preisträger Erich Wolfgang Skwara, Michael Krüger, Hubert Burda.
Verleihung des Hermann-Lenz-Preises in München und Oberschleißheim (Schloss Schleißheim)

BURDA-DOMIZIL AUF KORSIKA, 2008
Hubert Burda mit Michael Krüger, dem ehemaligen Verleger des Hanser-Verlags, Mitinitiator, Jury-Mitglied und Spiritus Rector der Petrarca-Preise

DIE JURY KOMMT ZUSAMMEN, 2008
Dr. Hubert Burda mit Peter Handke, Michael Krüger und Peter Hamm in Davia

Künstler

DER MALER HUBERT BURDA LEGT HAND AN
Schon in jungen Jahren widmete er sich der bildnerischen Kreativität

DER JUNGE MALER HUBERT BURDA BEI DER ARBEIT
an seinem Bild „Ansicht von Sant'Angelo" (1955), aufgenommen von dem Maler Werner Kunkel, der ihn in den Grundlagen der figurativen Malerei und der Maltechniken unterwies

HUBERT BURDA MIT SEINEM LEHRER, DEM MALER EMILIO BRISCHLE

Die theoretische Beschäftigung mit der Kunst, wie sie in der Kunsthistorie betrieben wird, ist eine Sache. Das kontinuierliche Lernen und Üben bildnerischer Techniken die andere. Wie teile ich die Malfläche auf? Welches Material und welches Format wähle ich? Wie mische ich die Farben und welche Farben passen zusammen? Nach welcher Vorlage male ich? Welche Werksidee verfolge ich – eher naturalistisch oder eher abstrakt? Für welches Kompositionsarrangement entscheide ich mich? Diese und weitere Anstöße bekam Hubert Burda früh von verschiedenen Lehrern: Hermann Sprauer, Emilio Brischle und Werner Kunkel – die Künstler waren schon früh im Elternhaus seine Inspiration.

und Sammler

Kunst und Medien – wie passt das zusammen? Für Hubert Burda ist das keine Frage, für ihn sind Medien Kunst („Media is Art“ – Andy Warhol) und können nur in einem künstlerischen Prozess entstehen. Er fördert die Kunst nicht nur als „Hintergrund“, sondern als Symbol für den genuin kreativen Prozess. Ein Medienunternehmen ist die ideale Schnittstelle von Kunst und Wirtschaft, so die Philosophie von Verleger Hubert Burda. Kunst ist für ein Unternehmen Inspiration und Motivation, in der Auseinandersetzung mit ihr wird Kreativität freigesetzt, die Assoziationsfähigkeit geschult und das Überschreiten von Grenzen proklamiert. Getreu dem Motto: „Connect the Unexpected“. Diese Prozesse sind nicht nur wichtig für die traditionellen Künste, sie gelten auch für die Coder der digitalen Welten – auch sie sind gewissermaßen von den Bildern inspiriert, wenn sie programmieren, ihre „Leinwand“ ist der Bildschirm – „Hackers and Painters“. In zwei Biographien „Kunst und Medien“, 2000 und „Kunst und Medien“, 2020 hat Hubert Burda diese Sachverhalte beschrieben.

MON MUELLERSCHOEN IN DER ARTOTHEK VON HUBERT BURDA MEDIA
Jeder Mitarbeiter kann sich bei ihr Kunstwerke für sein Büro ausleihen. Um die 3000 Werke aus der Zeit von 1920 bis in die Gegenwart bilden die Sammlung Hubert Burda Media, die die Agentur MM-Artmanagement betreut

DAS BILD „HOUSE ON FIRE“ IM EINGANGSBEREICH VON HUBERT BURDA MEDIA
Ein Gemeinschaftswerk von Francesco Clemente, Andy Warhol und Jean-Michel Basquiat aus dem Jahr 1984. Hubert Burda kaufte es in einer Zeit, in der der redaktionelle Umzug nach München mit der BUNTE eine schwierige Herausforderung für ihn und den Verlag darstellte. Viele Bilder im Verlag haben mit Hubert Burdas eigener Biographie zu tun

BÜROGÄNGE MIT EINEM PICASSO IN DER ARABELLASTRASSE, MÜNCHEN
„Journalisten kommen nur im Gespräch auf dem Gang zwischen den Büros auf ihre Ideen. Schöpferisches im Sinn von Kunst und Medien kommt immer über die Bewegung.“

DIE EINGANGSHALLE VON HUBERT BURDA MEDIA IN DER ARABELLASTRASSE IN MÜNCHEN. Die zwei berühmten Gemälde von Andy Warhol: „Images of Munich“ (links) und „Bunte Covers“. Seit der Einweihung der Verlagsgebäude im Jahr 1983 strahlen diese Bilder die Bedeutung ihres „Genius Loci“ aus

„BEI UNS GING'S IMMER UM DIE KUNST!"
Hubert Burda bei seiner Rede im umgebauten Schwimmbad der Familie, das jetzt als Depot und Galerie genutzt wird

„Our boss as an artist" – „Unser Chef als Künstler" – unter diesem Motto stand im Mai 2022 die Einweihung der Sammlung von Hubert Burdas eigenen Bildern in der Schanzstraße in Offenburg. Künstler wie Rembrandt hat Hubert Burda sowohl bildnerisch als auch biographisch im Detail studiert. Er ist für ihn vor allem in der Portraitmalerei Inspiration. Aber auch so unterschiedliche Künstler wie Paul Cézanne, Nicolas Poussin, Giorgione oder Orazio Borgianni beeinflussten ihn.

Die historische Reflexion auf Künstler verbindet er zum bildnerisch-konkreten Reflexionsprozess mit täglich Erlebtem. So entstehen die Bilder: „Schon mit der Variante des gestrigen Bildes bin ich zufrieden. Irgendwann, wenn der Gegenstand, also Gebäude und Bepflanzung, einigermaßen erkennbar sind, löse ich mich von der Vorlage und beginne die Variation."

HUBERT BURDA, „JACOB VAN RUISDAEL IN DEN DÜNEN",
Aquarell mit Tusche, 31.03.2020

„Oft hatte ich das Gefühl, dass ein Rückblick auf die 80 Jahre meines Lebens am besten erfolgen könnte entlang der Bilder der großen Meister, die mich in den Museen gefesselt haben.“

HUBERT BURDA

DIE GALERIE BEI DER ERÖFFNUNG
der Hubert Burda Private Collection. Portraits und Stillleben.

Zur Kreativität gehört ja nicht nur, dass man im Atelier die richtigen Imaginationen hat, sondern zur Kreativität gehört, dass man sich jeden Tag neu zurechtdenkt. Welche sind die Menschen, denen man begegnet? Was bringt einen solchen Tag in Schwung? Mit welchem Erzähltalent kann man Menschen fesseln für das, was man ihnen mitteilen will?

Man muss dem Bild die Unsicherheit anmerken und den Atem, der stockt, dann weitergeht. Und dann auch das glückliche Im-Stuhl-vor-dem-Bild-Versinken und sich sagen können, es geht weiter vorwärts.

HUBERT BURDA, SELBSTPORTRAIT
Aquarell mit Tusche, 2020

HUBERT BURDA, SELBSTPORTRAIT
1999

Zeitschriften und Marken – online und im Druck –

CHIP · HolidayCheck · TV SPIELFILM · AdTech Factory · BAMBI · Barbie · Bibi Blocksberg · Bella Sara · Bon Gusto

brands you love · BUNTE.de · burda easy · FOR OUR PLANET · burda STRICKEN · CHIP Eine BurdaForward Marke · computeruniverse · FOCUS MONEY · cyberport

cyber | SOLUTIONS · daydreams · DLD · DRAGONS · FOCUS BUSINESS · FOCUS GESUNDHEIT · FOCUS SPEZIAL · FOCUS online · Filly

Finanzen100 · fit FOR FUN · 5! · Wickie · FRAG doch mal … · freundin · GOLDENE HENNE · Honeypot · HORSELAND

Hund im Glück · image | professionals · JUPITER AWARD · Lisa Blumen & Pflanzen · Lisa Kochen & Backen · Lissy · LÖWENZAHN Das Magazin · BAYALA · The Enabling Company

BUNTE · burda style · Brand Licensing by Burda · Frau im Trend WOHNEN & Wohlfühlen · Frau im Trend · Freizeit AKTUELL · GLÜCKS REVUE · Guter Rat · DasHaus

InStyle · LEADDirect · Prinzessin Lillifee · Lisa · Lisa Wohnen & DEKORIEREN · meine Familie & ich · meine gute Landküche · Neue Verlagsgesellschaft Ein BurdaDirect Unternehmen · neue woche

Procurement by Burda · STREAMPICKER · SUPERillu · Winx Club · Wohnen & Garten · InterNations · Mehr für die Frau · Mein Buffet · Mietwagen Check

my life · NetDoktor · netmoms · NEW FACES AWARD · Nur für die Frau · onlyfy by XING · PACVERTISE · playmobil · playmobil

Sorties · die Schlümpfe · Steiff · The Weather Channel · Total tierlieb! · TV TODAY · tv schlau · Woozle Goozle · DinoSaurier

die Vielfalt von Hubert Burda Media

SILKES WEINKELLER
Esquire
BABY born
Benjamin Blümchen
b.famous CREATIVE COMMUNICATION
Bibi & Tina
Bummi
#beebetter
CHIP FOTO VIDEO
Meine Freundin Conni
CONVERTORIAL
Das Kochrezept
SERIEN MAGAZIN
YAKARI
Die drei ??? Kids
dialogplus
Dinosaurs
XING
eatbetter
einfach backen
einfach los
FACTFIELD
FELIX BURDA AWARD
FREIZEIT EXKLUSIV
FREIZEIT POST
Garten Idee
GARTEN Träume
GRILLEN Open Air Saison
BAZAAR
HORSE CLUB
Lust auf Genuss
LEGO STAR WARS
WAS IST WAS
LEGO Batman
LEGO CITY
LEGO Disney Prinzessin
LEGO Friends
LEGO Jurassic World
LEGO Avengers
EFAHRER.com
ELDRADOR
Land Edition
Bussi Bär
nebenan.de
cinema
das schmeckt!
direct interactive
Wohnen & Garten Feste & Gäste
ELLE
ELLE DECORATION
FREIZEIT REVUE ROYAL
FREIZEIT REVUE
FREIZEIT SPASS
garten spaß
kununu
mein schöner Garten
mein schöner Landgarten
mein schönes Land
mein schönes Landhaus
mia and me
NOVEMBER
PAKKS
Sissi
WOHNEN Träume
Einfach lowcarb
Kleiner Garten
20|50
muffinis
Moji Pops
mein schöner Garten SPEZIAL
Prinzessin Mimi
NATIONAL GEOGRAPHIC KIDS
Nicidoos
LEGO NINJAGO
OSTWIND
Pferd&Co
PREOSCREEN
FREIZEIT REVUE RÄTSEL
Ricky Zoom
Lisa Romance
Capt'n Sharky
Spirit
Sweet Dreams
Sylvanian Families
Super Zings
Glubschis
tracdelight
VALITON
slowly veggie!
VILLA

80. GEBURTSTAG VON VERLEGER HUBERT BURDA IN MÜNCHEN, 2020
Tochter Elisabeth (Lisa) singt …

NEUJAHRSEMPFANG IN OFFENBURG, 2016
Hubert Burda mit Tochter Elisabeth Burda

PREMIERE IN OFFENBURG, 2018
Hubert Burda und Sohn Jacob Burda: Premiere von „Aenne Burda – Die Wirtschaftswunderfrau" einem Film des SWR

„Ende November 2018 fand die große Premiere des Fernseh-Zweiteilers ‚Aenne Burda – Die Wirtschaftswunderfrau' in der Oberrheinhalle in Offenburg statt. Eine Zeitreise und ein sehr emotionaler Moment für mich und meine Familie. Zusammen mit über 2000 Zuschauern im Saal verfolgte ich mit Lisa und Jacob die außergewöhnliche Lebensgeschichte meiner Eltern, die durch diesen Film auch einem breiten Publikum im Fernsehen erzählt wurde und auf viel positive Resonanz stieß."

HUBERT BURDA

1

1 **75. GEBURTSTAG VON DR. HUBERT BURDA, 2015**
Elisabeth Burda musiziert anlässlich des 75. Geburtstages von Hubert Burda im Kaisersaal der Residenz in München am 12.02.2015

2 **VATER UND SOHN IM STRASSBURGER MÜNSTER, 2022**
Von diesem imposanten Farbenspiel sichtlich beeindruckt – Hubert und Jacob Burda. Die Kathedrale war nicht erst seit dem Studium der Kunstgeschichte bei Hans Sedlmayr in München eines der zentralen spirituellen Themen

2

ERINNERUNGS-PAVILLON IM FELIX-BURDA-GARTEN IN OFFENBURG-FESSENBACH
Ein Erinnerungstempel an Felix Burda

Pionier der medizinischen Darmkrebs-Vorsorge

„Niemand spricht gerne über Krebs, aber man muss. Bei keiner anderen Krebsart bietet die Früherkennung derart große Chancen wie bei Darmkrebs. Die Felix Burda Stiftung hat sich daher seit 2001, dem Jahr, in dem mein Sohn an Darmkrebs starb, die Kommunikation der Darmkrebs-Vorsorge und -Früherkennung zum Ziel gesetzt." Christa Maar, die Mutter von Felix, engagierte sich seitdem für die Stiftung. Zu den jährlichen Projekten der Stiftung zählten unter anderem der bundesweite Darmkrebsmonat März, der Felix Burda Award, die Initiative für betriebliche Prävention, Europas größtes Darm-Modell und die Gesundheitsbutler-APP zum Arzt für das Smartphone.

BEERDIGUNG VON DR. CHRISTA MAAR IN MÜNCHEN, 2022
Stephan Sattler, Dr. Jacob Burda, Prof. Dr. Hubert Burda und Maria Furtwängler.
Trauerfeier und Beerdigung von Christa Maar in der Kirche St. Georg in München-Bogenhausen am 11.11.2022

Christa Maar in memoriam

„Der größte und immer noch andauernde Erfolg ihres Lebens – was immer das auch heißen mag – bestand darin, dass sie die Kraft hatte, den heftigsten Schmerz ihres Lebens umzubiegen in ein Projekt, von dem die ganze Gesellschaft profitierte. Sie, die ihr Kind verloren hatte, wurde zu einer gefeierten Lebensretterin.“

Michael Krüger

1990 MEDIEN-MANN DES JAHRES
Horizont-Award

1995 BAYERISCHER VERDIENSTORDEN
(v.l.) Hubert Burda, Edmund Stoiber

1997 BUNDESVERDIENSTKREUZ I. KLASSE
(v.l.) Maria Furtwängler, Aenne Burda, Hubert Burda, Felix Burda und Erwin Teufel

2000 BAYERISCHER PRINTMEDIEN-PREIS
mit Edmund Stoiber

2000 EHRENBÜRGERWÜRDE DER STADT OFFENBURG
mit OB Wolfgang Bruder

2000 EHRENPROFESSORENWÜRDE DES MINISTERPRÄSIDENTEN DES LANDES BADEN-WÜRTTEMBERG
mit Erwin Teufel

2001 EHRENDOKTORWÜRDE DER BEN-GURION-UNIVERSITÄT IN BE'ER SHEVA
(v.l.) Schimon Perez, George Baron Weidenfeld

2002 GROSSES BUNDES-VERDIENSTKREUZ
mit Edmund Stoiber

2006 GROSSOFFIZIERSKREUZ DES VERDIENSTORDENS DER ITALIENISCHEN REPUBLIK
mit Wolfgang Schäuble (l.) und Botschafter Antonio Puri Purini

2006 LEO-BAECK-PREIS
mit Charlotte Knobloch

2007 JAKOB FUGGER-MEDAILLE DES VERBANDES DER ZEITSCHRIFTEN-VERLAGE IN BAYERN
mit Edmund Stoiber

2008 GROSSES BUNDES-VERDIENSTKREUZ MIT STERN
mit Horst und Eva Luise Köhler

2009 EHRENDOKTOR DER MEDIZINISCHEN FAKULTÄT DER LMU MÜNCHEN
(v.l.) Prof. Dr. Bernd Huber und Prof. Dr. Maximilian Reiser übergeben Hubert Burda die Ehrendoktorurkunde

2009 OHEL-JAKOB-MEDAILLE
mit Günther Beckstein und Charlotte Knobloch

Lebensleistung & Auszeichnungen

Exemplarisch für die vielen Auszeichnungen von Hubert Burda sei hier seine Ehrendoktorwürde der Ludwig-Maximilians-Universität in München im Jahr 2009 genannt.

Bei der Würdigung zum Ehrendoktor sagte Hubert Burda: „Ich hätte, als ich an dieser Uni begann, nie gedacht, dass ich es hier schaffen könnte. Ich habe erfahren, was man mit Leistung bewältigen kann. Das war eine Erfahrung fürs Leben, die Uni hat mich geprägt wie nichts anderes." Erst Kunststudent und Doktorand, Medienmanager, dann Initiator der Iconic-Turn-Reihe und erster Hochschulratsvorsitzender – die enge Verbindung mit der Ludwig-Maximilians-Universität (LMU) ist in Burdas Leben nie abgerissen. Mit Weitblick und Tatkraft hat er Entwicklungen wie die Digitalisierung erspürt und dann gestaltet und geprägt.

1990 Medien-Mann des Jahres

1995 Bayerischer Verdienstorden

1997 Bundesverdienstkreuz I. Klasse

2000 Bayerischer Printmedienpreis

2000 Ehrenbürgerwürde der Stadt Offenburg

2000 Ehrenprofessorenwürde des Ministerpräsidenten des Landes Baden-Württemberg

2001 Ehrendoktorwürde der Ben-Gurion-Universität in Be'er Sheva

2002 Großes Bundesverdienstkreuz

2006 Großoffizierskreuz des Verdienstordens der Italienischen Republik

2006 Leo-Baeck-Preis

2007 Jakob Fugger-Medaille des Verbandes der Zeitschriftenverlage in Bayern

2008 Großes Bundesverdienstkreuz mit Stern

2009 Ehrendoktor der Medizinischen Fakultät der LMU München

2009 Ohel-Jakob-Medaille

2011 Ehrensenatorwürde der Hochschule für Jüdische Studien

2012 Eucor-Medaille

2012 Offizier der Ehrenlegion

2015 Moses-Mendelssohn-Medaille

2019 Architektur-Ehrenpreis

2019 Verleihung des Ehrenbürgerrechts Münchens

2020 Große Staufermedaille in Gold

2021 Einladung des Bundespräsidenten

2011 EHRENSENATORWÜRDE DER HOCHSCHULE FÜR JÜDISCHE STUDIEN

2012 EUCOR-MEDAILLE
als „Symbol für den europäischen Geist"

2012 OFFIZIER DER EHRENLEGION
Höchste Auszeichnung für einen Nicht-Staatsmann: Maurice Gourdault-Montagne würdigt Hubert Burda mit dem Officier-Orden

2015 MOSES-MENDELSSOHN-MEDAILLE
für sein besonderes Engagement für die jüdische Gemeinde

2020 GROSSE STAUFERMEDAILLE IN GOLD
mit Winfried Kretschmann

2021 EINLADUNG DES BUNDESPRÄSIDENTEN
v.l. Elke Büdenbender und Frank-Walter Steinmeier mit Hubert Burda und Maria Furtwängler

Der Ehren

„Im Laufe eines Lebens und bei wirtschaftlichem Erfolg erhält man viele Ehrungen, vor allem akademische. Aber der Stolz über diese akademische Titel wird für mich immer übertroffen durch die Anerkennung der Bürgergemeinden und des Bürgersinns.

1

2

1 **MÜNCHNER EHRENBÜRGERWÜRDE**
Mit Oberbürgermeister Dieter Reiter bei der Übergabe der Urkunde

2 **VERLEIHUNG DES EHRENBÜRGERRECHTS DER STADT MÜNCHEN, 2019**
(v.l.) Philipp Lahm, Dr. Hubert Burda, Michaela May, Heinrich Traublinger, Jutta Speidel, Franz Herzog von Bayern, Dr. Rachel Salamander und Dieter Reiter am 28.03.2019

bürger Dr. Hubert Burda

So zum Beispiel zählt der Ehrenbürger der Stadt Offenburg als eine feine Auszeichnung der Mitbürger meiner Heimatstadt, in der ich aufgewachsen bin. In deren Orchesterverein ich musiziert habe und in deren Skiclubs und Tennisvereinen ich kleine Siege gefeiert habe. Doch von all diesen Auszeichnungen ist die Verleihung der Ehrenbürgerwürde der Stadt München im März 2019 das größte Ereignis. Schon als ich zum ersten Mal als Zehnjähriger mit meinem Vater in einem kleinen Volkswagen in München ankam, um ihn bei Firmenbesuchen bei Sport Schuster und Klepper aus Rosenheim zu begleiten, ahnte ich, dass München alle Voraussetzungen hat, die man braucht, um so ein Medienimperium aufzubauen."

Das München-Projekt – die Wegbegleiter

Stephan Sattler

Journalist und seit 1985 für das Haus Burda tätig. Zunächst als Redakteur bei „BUNTE“, ab 1988 wurde er stellvertretender Chefredakteur der Kunst- und Kulturzeitschrift „PAN“. Danach wechselt er als Ressortleiter „Kultur“ zum Nachrichtenmagazin „FOCUS“. Seit 2010 ist er Editor at Large im Stab Dr. Burda sowie Vorstand der Hubert Burda Stiftung. Er war außerdem Mitglied der Jury des Kulturellen Ehrenpreises der Landeshauptstadt München und Beiratsmitglied des M100 Sanssouci Colloquium.

Heinz Morstadt

Heinz Morstadt wollte eigentlich Berufsschullehrer für das Graphische Gewerbe werden. Der Senator Dr. Franz Burda überzeugte ihn von der journalistischen Tätigkeit. Morstadt arbeitete seit 1963 für BUNTE, zunächst als Chef vom Dienst, war Geschäftsführender Redakteur und machte 1983 mit Hubert Burda den Umzug nach München. Als Art Director und Stellvertretender Chefredakteur war er bis 1992 bei BUNTE. Danach bis 1998 war er Chefredakteur von BurdaCom. Seit 1998 malt er unter dem Pseudonym Lucca M in der Toskana und in München.

Imre Kusztrich

Burgenländer, Jahrgang 1941. Burda-Veteran nach 17 Jahren mit Dr. Franz Burda und Dr. Hubert Burda, gefolgt von weiteren Aufgaben in vier Burda-Zeitschriften. Erlebte in nächster Nähe die spannende Phase des Übergangs der BUNTE-Chefredaktion vom Vater auf den Sohn. Letzter von dem legendären Peter Tamm zu Springer geholter Chefredakteur. Mit dem früheren BUNTE-Mann Hans-Hermann Tiedje und dem ehemaligen Bundeswirtschaftsminister Dr. Günter Rexrodt Geschäftsführer bei TV Media, Unternehmensberatung in Bezug auf den Umgang mit Medien. Seit 20 Jahren Selfpublisher mit Fokus auf Anti-Aging-Medizin und auf Gesundheit durch Ernährung (zum Beispiel „Blutdruck-Lügen der Medizin“). www.igk-verlag.com

Beate Wedekind

Ab 1982 bei Burda Mitglied der BUNTE-Redaktion in Offenburg, dann in München. Ihre Stationen: Reporterin, Leiterin des Unterhaltungs-Ressorts, Geschäftsführende Redakteurin. Seit Juli 1983 erschienen 250 Ausgaben ihrer Society-Kolumne Mein Rendezvous, die Ende 1986 auch als TV-Magazin im ZDF startete. 1985 übernahm sie die Gesamtorganisation der Bambi-Verleihung. Seit 1988 war sie Chefredakteurin der deutschen Ausgabe des französischen Frauenmagazins ELLE, 1990 auch von ELLE Decoration, 1991 zusätzlich von Ambiente. Ab 1. Juni 1992 wurde sie Chefredakteurin von BUNTE und die erste Frau an der Spitze einer deutschen Illustrierten mit Millionen Leserschaft. Beate Wedekind lebt heute als Autorin und Mentorin in Berlin, Addis Abeba und auf Ibiza.

Rainer Braxmaier

Rainer Braxmaier wurde 1949 in Baden-Baden geboren. Nach einer journalistischen Ausbildung (von 1968-70) in Freiburg studierte er bis 1975 an der Staatlichen Akademie der Bildenden Künste in Karlsruhe. Seit 1978 lebt er als Maler, Kunsterzieher und Autor in Oberkirch. Rainer Braxmaier verfasste Publikationen zur zeitgenössischen Kunst in Tageszeitungen und Zeitschriften. 2005 erschien sein Band „Poeten, Maler, Petticoats" über die Jugendjahre Hubert Burdas in Offenburg, 2009 der zweite Band „Zwischen Pop und Pantheon" über die Studienzeit des Verlegers in München, Marburg und Rom.

Wolfgang Ritter

Begann 1970 bei Burda in Offenburg in der Technik und Anzeigenabteilung. Danach wurde er stellv. Redaktionsleiter Bild+Funk, anschließend Chef vom Dienst von „Das Haus", „Ambiente" und „AD". Ab 1985 bis 2011 Chef vom Dienst und Ressortleiter „Restaurants, Food & Wein" von BUNTE in München. Er verantwortete u.a. die BUNTE-Booklets „Die 100 besten Restaurants in Deutschland". Mit vielen Prominenten produzierte er „Ritters Tafelrunde", die kulinarischen Tischgespräche in den interessantesten Restaurants. Als Restaurantkritiker ist er weltweit unterwegs. Weine sind seine Liebe und Passion. Er ist Ehrenmitglied der Felix Burda Stiftung und Event-Berater der Edelstein- und Diamantindustrie in Idar-Oberstein.

Dr. Bernhard Klein

Bernhard Klein, geboren 1969 in Nürnberg. Er studierte Philosophie, Wirtschaftsgeographie und Psychologie in München (LMU) und Berlin (TU), Abschluss 1996 mit Magister Artium. TV-Redakteur beim Deutschen Sportfernsehen und Janus TV in München. Promotionsstudium der Philosophie an der Staatlichen Hochschule für Gestaltung in Karlsruhe bei Prof. Peter Sloterdijk mit Abschluss 2011. Europaweites Tourmanagement und Künstlerbetreuung im Life Entertainment unter anderem mit Eric Clapton, Mark Knopfler, Robbie Williams, Rolling Stones, Coldplay, AC/DC und Phil Collins. Seit 2014 bei Hubert Burda Media im Stab Dr. Hubert Burda.

Stephan Sattler mit Dr. Hubert Burda

Heftkritik – Senator Burda mit Heinz Morstadt und Dr. Hubert Burda

Kurze Manuskriptbesprechung – Hubert Burda mit Stephan Sattler

Buchpräsentation „Zwischen Pop und Pantheon“ – Hubert Burda mit Autor Rainer Braxmaier

Kari Albermann und Hubert Burda in Fessenbach auf dem Weg zum SenaTorre

Stimmungsvolles Wiedersehen – Hubert Burda und Imre Kusztrich

Ausstellungseröffnung – Dr. Hubert Burda und Heinz Morstadt

Gesangsduett – Frank Hönninger und Hubert Burda

Redaktionssitzung – Chefredakteur Hubert Burda, Norbert Sakowski und Imre Kusztrich

Bestens gelaunt – Hubert Burda mit Kari Albermann

Stephan Sattler, Hubert Burda und Bernhard Klein

Hubert Burda und Beate Wedekind

Fotonachweise

Titel Burda Archiv, SimpLine/shutterstock.com, Greens87 / shutterstock.com

Kapitel 1983 Seite 8: Hubert Burda Media / Warhol Foundation / Dieter Leistner / PANArchiv; Seite 9: Burda Archiv; Seite 10: Brigitte Vater / Süddeutsche Zeitung, Winfried Rabanus / Burda Archiv; Seite 12: Gabor Geissler / Hubert Burda Media; Seite 14: Hubert Burda Media; Seite 16: Ulli Skoruppa / Hubert Burda Media; Seite 17: Ulli Skoruppa / Hubert Burda Media; Seite 18: Ulli Skoruppa / Hubert Burda Media; Seite 19: Burda Archiv; Seite 20/21: BUNTE / Burda Archiv; Seite 22: Burda Archiv Schanzstraße Offenburg; Seite 23: Burda Archiv Schanzstraße Offenburg

Kapitel 1950 Seite 26/27: isba Burda Bildpool / US Armee Foto, isba Burda Bildpool / dpa; Seite 28: BUNTE Titelseite 28.06.1958, isba Burda Bildpool / Süddeutscher Verlag; Seite 29: Burda Archiv; Seite 30: imago images/Arkivi, imago / ZUMA Press / Sportfotodienst, imago / ZUMA Press / Sportfotodienst; Seite 31: imago / ZUMA Press / Sportfotodienst; Seite 32: imago/ Pressefoto Baumann Sportfotodienst; Seite 32 IMAGO / ZUMA Press/Keystone Sportfotodienst, IMAGO / Ferdi Hartung Sportfotodienst, IMAGO / Ferdi Hartung Sportfotodienst; Seite 33: Picture-Alliance / dpa Sportreport, Burda Verlag 1954; Seite 34: Burda Archiv; Seite 35: Polizeipräsidium München; Seite 36: Burda Archiv / Auszug aus Mitarbeiterzeitschrift „Burda Familie" vom 01.07.1959; Seite 37: BUNTE Titelseite 01. Oktober 1960 40/60; Seite 38: Burda Archiv, Burda Archiv, Burda Archiv, Burda Archiv; Seite 39: Burda Archiv, Burda Archiv, Burda Archiv; Seite 40: Sepp Werkmeister / Haidhausen-Museum, Bernhard Schmidt; Seite 41: Burda Verlag, Burda Verlag 1961; Seite 42: akg-images / Mondadori Portfolio, A. Roth; Seite 43: Burda Archiv

Kapitel 1960 Seite 46: INTERFOTO / Sammlung Rauch, isba Burda Bildpool Kai Marholz, ullstein bild / TopFoto; Seite 48: isba Burda Bildpool / Sven Simon; Seite 49: privat, isba Burda Bildpool / Hans Böck; Seite 50: Burda Archiv; Seite 51: ddp images/United Archives / ID 8.79854963, dpa Picture-Alliance / Westermann / Keystone Pressedienst; Seite 52: Burda Archiv; Seite 53: Burda Archiv, Burda Archiv, Burda Archiv; Seite 54: Fritz Witzig Atelier für Photographie München / Burda Archiv, Rudi Herzog / Burda Archiv; Seite 56: Burda Archiv; Seite 57: Burda Archiv; Seite 58: isba Burda Bildpool Axel Arens / BUNTE, isba Burda Bildpool Sven Simon; Seite 59: Burda Archiv, isba Burda Bildpool Bilderdienst Burda-Verlag / BUNTE; Seite 60: Burda Archiv Ausschnitt aus Mitarbeiterzeitschrift „Burda Familie" 1967; Seite 61: Burda Archiv; Seite 62: Burda Archiv, Burda Archiv, Burda Archiv; Seite 63: Burda Archiv Ausschnitt aus Mitarbeiterzeitschrift „Burda Familie" 1967, Burda Archiv Ausschnitt aus Mitarbeiterzeitschrift „Burda Familie" 1967; Seite 64: Ted Russell/Polaris/laif ID 01963699, Hunter (Pressematerial); Seite 66: Imago Images ID: 0050932279; Seite 67: dpa / Alfred Hennig ID 5FA99C00E2B69302; Seite 68: Imago Images / ZUMA Press ID 70477461; Seite 69: MVV GmbH Pressebild 1536; Seite 70: Imago / United Archives ID 67168312, imago images / Heinz Gebhardt ID 102437066, imago images / Heinz Gebhardt ID 103465308, imago images / ZUMA Wire ZUMA Press ID 67934612, imago images / Heinz Gebhardt ID 103251182, imago images / Heinz Gebhardt ID 103129840; Seite 71: Burda Archiv; Seite 72: isba Burda Bildpool THE ASSOCIATED PRESS; Seite 73: dpa Picture-Alliance; Seite 74: isba Burda Bildpool BPCIS, Cinetext/Goess, isba Burda Bildpool BPCIS; Seite 75: isba Burda Bildpool dpa, isba Burda Bildpool dpa; Seite 76: Burda Archiv; Seite 77: Burda Archiv; Seite 78: Burda Archiv / Renate Bein; Seite 80: Burda Archiv; Seite 81: Burda Archiv; Seite 82: Burda Archiv; Seite 83: Burda Archiv, Burda Archiv, Burda Druck und Verlag Offenburg Redaktionsarchiv

Kapitel 1970 Seite 86: Burda Archiv / Luis, Burda Archiv; Seite 87: Burda Archiv; Seite 88: Burda Archiv, Burda Archiv / SCHILLER; Seite 89: BUNTE Titelseite 29.01.1976 Nr. 06; Seite 90: Digne Meller Markovicz, Tom Bohlen; Seite 91: Burda Archiv Titelseite „m" Nr. 9/69 01.09.1969; Seite 92: BUNTE; Seite 93: isba Burda Bildpool NOP München, dpa Picture-Alliance / Werner Schulze / Zentralbild ID 55755452, isba Burda Bildpool dpa; Seite 94: dpa Picture-Alliance / Pressebild 190 Scanpix, babiradpicture / peterTIMM; Seite 95: BUNTE Titelseiten 38/72, 39/72, 25/72 und 37/72; Seite 96: Getty Images / TERRY O'NEILL ID 81797105; Seite 97: isba Burda Bildpool ASSOCIATED PRESS, imago images / Heinz Gebhardt ID 103464936; Seite 98: BUNTE Titelseite 29/74; Seite 99: isba Burda Bildpool VSW / Simon / Werek; Seite 100: Burda Archiv, LEUTE Michael Graeter; Seite 102: Burda Archiv, LEUTE Michael Graeter; Seite 104: LEUTE Michael Graeter; Seite 105: isba Burda Bildpool Michael A. Matheis, isba Burda Bildpool dpa, imago / United Archives ID 69973036, BUNTE Bildpool BILD ZTG Klaus Jürgen Rössler 14819; Seite 107: Cover der Schallplatte 1974; Seite 108: INTERFOTO / Mecky York ID 00344537, fkn, privat; Seite 109: www.instagram.com/ikeandtinaturner; Seite 110: Architekt Justus Dahinden Yellow Submarine Club München 1973; Seite 111: privat; Seite 112: isba Burda Bildpool Keystone, isba Burda Bildpool dpa, dpa Picture-Alliance / Istvan Bajzat dpa, isba Burda Bildpool Harald Reiterer; Seite 113: imago images / United Archives ID 102021506; Seite 114: Burda Archiv; Seite 116: isba Burda Bildpool Bajzat dpa, isba Burda Bildpool Bayerischer Rundfunk; Seite 117: Isolde Ohlbaum; Seite 118: Isolde Ohlbaum; Seite 119: Isolde Ohlbaum, Isolde Ohlbaum, Isolde Ohlbaum, Isolde Ohlbaum

Kapitel 1980 Seite 122: BUNTE Titelseite 26.07.1984, Burda Archiv; Seite 124: Beate Wedekind, Ausschnitt aus BUNTE Nr.40/83; Seite 126: Burda Archiv, BUNTE Titelseite 33/48, Inhaltsverzeichnis BUNTE 33/48; Seite 127: BUNTE 33/48, BUNTE 33/48 Anne Hamann / Mangold und H. Sunak; Seite 128: Burda Archiv; Seite 129: privat; Seite 130: BUNTE Titelseite 44/80, BUNTE Titelseite 13/83, BUNTE Titelseite 10/83, BUNTE Titelseite 32/81; Seite 131: BUNTE Titelseite 51/85, BUNTE Titelseite 07/85, BUNTE Titelseite 31/85, BUNTE Titelseite 39/88; Seite 132: Burda Archiv Erste Ausgabe ELLE Sept. 1988; Seite 133: Burda Archiv Burda Geschäftsbericht 1988, Burda Archiv Erste Ausgabe Holiday Nov. 1988, Burda Archiv Erste Ausgabe JUPITER Jan 1989, privat; Seite 134: Roger Fritz, Heinz Morstadt; Seite 135: Roger Fritz, Roger Fritz; Seite 136: BrauerPhotos / Sabine Brauer, W. Sander / BUNTE, Burda Archiv Minkoff; Seite 137: Winfried Rabanus / BUNTE, Ulli Skoruppa / BUNTE, Burda Archiv W. Sander; Seite 138: Burda Archiv Ehrhardt Mörk, Burda Archiv Michael Tinnefeld; Seite 139: BUNTE Archiv, picture alliance / dpa / Ursula Düren; Seite 140: Roger Fritz, ARD Pressedienst; Seite 142: Burda Archiv Ulli Skoruppa; Seite 144: bpk / Erich Salomon; Seite 145: Burda Archiv Roger Fritz, Burda Archiv Roger Fritz, Getty Images WireImage Ron Galella; Seite 146: Ingeborg Bock-Schroeder, BILD am Sonntag 14.01.1990; Seite 147: Burda Archiv;

Kapitel 1990 Seite 150: Burda Archiv / FOCUS; Seite 151: Burda Archiv, TEUTOPRESS GMBH; Seite 152: Burda Archiv; Seite 153: Dieter Bauer, Burda Archiv; Seite 154: Burda Archiv Gamma / Oscar Abolaeia-Liaison, Burda Archiv; Seite 155: Burda Archiv Titelseite Forbes Erste Ausgabe März 1990; Seite 156: Burda Archiv Hans Georg Fischer, Burda Archiv Ulli Skoruppa; Seite 157: Burda Archiv; Seite 158: Paul Schirnhofer BUNTE Bildpool (FOCUS Original); Seite 160: Roger Fritz; Seite 162: picture alliance / SZ Photo dpa Picture-Alliance Florian Peljak ID 13808669, Seite 163: Schneider-Press / Erwin Schneider ID 00905489; Seite 164: Burda Archiv Hasenkopf; Seite 165: BrauerPhotos / Sabine Brauer, BrauerPhotos / Sabine Brauer, dpa Michael Kappeler; Seite 166: Burda Archiv Jean Loup Debionne, Regina Schmeken; Seite 168: imago images / STL ID 93975239, BrauerPhotos / S. Brauer; Seite 169: API Agency People Image Michael Tinnefeld, BrauerPhotos / S. Brauer, API Agency People Image Michael Tinnefeld, BrauerPhotos A. Pauli; Seite 170: Roger Fritz, Roger Fritz; Seite 171: Maurizio / face to face, Roger Fritz, Roger Fritz, Roger Fritz, Roger Fritz; Seite 172: imago images / Heinz Gebhardt, imago images / Heinz Gebhardt, BrauerPhotos / S.Brauer; Seite 173: Jorinde Gersina, BrauerPhotos; Seite 174: Munich Airport / Michael Fritz, isba Burda Bildpool KEYSTONE, Munich Airport / Bernd Ducke, Munich Airport / Michael Fritz, Munich Airport / Michael Fritz, Burda Archiv

Kapitel 2000 Seite 178: dpa ddp Henning Kaiser, dpa / dpaweb ma / sm A2514 Frank Mächler; Seite 179: Michael Kappeler; Seite 180: Wolf Heider-Sawall; Seite 181: Burda Archiv Andreas Achmann; Seite 182: Wolf Heider-Sawall; Seite 183: API Agency People Image Michael Tinnefeld, API Agency People Image Michael Tinnefeld; Seite 184: Isolde Ohlbaum; Seite 185: Isolde Ohlbaum, BrauerPhotos / Hubert Burda Media; Seite 186: Raymond Reuter / Sygma, Flo Hagena; Seite 187: Burda Archiv, Burda Archiv; Seite 188: Buchtitel „Iconic Turn"; Seite 189: Facesbyfrank / Hubert Burda Media, Buchtitel „Iconic Worlds"; Seite 190: Facesbyfrank / Hubert Burda Media; Seite 191: BrauerPhotos / Sabine Brauer, Facesbyfrank / Hubert Burda Media; Seite 192: BrauerPhotos / Sabine Brauer, Wolf Heider-Sawall / Hubert Burda Media; Seite 193: BrauerPhotos / Gisela Schober; Seite 194: Jason Andrew for DLD / Hubert Burda Media; Seite 195: Getty Images for Burda Media Ralph Orlowski, Daniel Grund for DLD / Hubert Burda Media, Clemens Porikys for Hubert Burda Media; Seite 196: Getty Images iStock Editorial meyrass ID 869520948, Burda Archiv; Seite 197: Burda Archiv; Seite 198: ddp Ralf Succo / Succo Media, Wolf Heider-Sawall, ddp Ralf Succo / SuccoMedia; Seite 199: ddp Ralf Succo / SuccoMedia; Seite 200: Bogdan Kramliczek; Seite 201: ddp Ralf Succo / SuccoMedia, dpa / dpaweb A2585 Frank Leonhardt; Seite 202: BrauerPhotos / Sabine Brauer; Seite 203: Flo Hagena; Seite 204: imago images / ActionPictures ID 40450055, uslatar - stock.adobe.com, imago / ActionPictures imago sport ID 28489960; Seite 205: Wolf Heider-Sawall, Sabrina Maier; Seite 206: Wolf Heider-Sawall, Privatarchiv Dr. Burda, Privatarchiv Dr. Burda; Seite 207: Burda Archiv; Seite 208: Privatarchiv Dr. Burda, Hubert Burda Media, Hubert Burda Media; Seite 209: Hubert Burda Media, Hubert Burda Media, Valerie Till Hubert Burda Media, Sabrina C. Maier / Corporate Communications / Burda; Seite 210: Iris Rothe, Burda Archiv; Seite 211: Iris Rothe, Burda Archiv, Burda Archiv; Seite 212: Hubert Burda Media; Seite 213: Hubert Burda Media; Seite 214: Agency People Image API Michael Tinnefeld, Iris Rothe; Seite 215: imago / Arnulf Hettrich ID 86954804; Seite 216: BrauerPhotos / Sabine Brauer; Seite 217: Thomas Hentschel; Seite 218: Jorinde Gersina, Sabrina Maier / Corporate Communications / Burda; Seite 219: Hubert Burda Media, Theo Klein / Bildzeitung; Seite 220: Burda Archiv Horizont, BrauerPhotos / Sabine Brauer, Burda Archiv, BrauerPhotos / Sabine Brauer, Burda Archiv, Burda Archiv, Burda Archiv, dpa/dpaweb Frank Leonhardt, Dieter Bauer, ddp Marcus Brandt, dpa Volker Dornberger, Juergen Weyrich, API Agency People Image Hannes Magerstaedt, Bodgan Kramliczek; Seite 221: privat, privat, Melodie-Fenez, BrauerPhotos / Sabine Brauer, René Reiche, Steffen Kugler Presse- und Informationsamt der Bundesregierung; Seite 222: BrauerPhotos, Paul Schirnhofer; Seite 224: imageBROKER / Dmitry Rukhlenko; Seite 226: Hubert Burda Media, Burda Archiv, Burda Archiv, Burda Archiv; Seite 227: Burda Archiv, Burda Archiv, Wolf Heider-Sawall; Seite 228: Hubert Burda Media, Burda Archiv, BrauerPhotos / S. Brauer, Burda Archiv, Burda Archiv, Iris Rothe; Seite 229: Iris Rothe, Iris Rothe, Iris Rothe, Sabrina C. Maier / Corporate Communications / Burda, Hubert Burda Media, Agency People Image API Michael Tinnefeld

Dank an alle Genannten und mit der Bitte um Verständnis bei denjenigen, die trotz eingehender Überprüfung nicht erwähnt sind. Bitte wenden Sie sich bei Fragen an Peggy Böhm-Mildenberger, peggy.boehm@burda.com

Impressum

Herausgeber
Dr. Hubert Burda, Arabellastraße 23, 81925 München

Bibliografische Information der Deutschen Nationalbibliothek
Die Deutsche Nationalbibliothek verzeichnet diese Publikation in der Deutschen Nationalbibliografie; detaillierte bibliografische Daten sind im Internet über http://portal.dnb.de abrufbar.

2. Auflage 2023

Verlag
J.P. Bachem Verlag GmbH, Ursulaplatz 1, 50668 Köln

ISBN 978-3-7616-3474-5

Gesamtleitung
Kari Albermann

Art-Direction
Heinz Morstadt

Redaktionsleitung
Stephan Sattler

Chef vom Dienst
Frank Hönninger

Redaktionelle Mitarbeit
Imre Kusztrich, Beate Wedekind, Dr. Bernhard Klein, Rainer Braxmaier, Wolfgang Ritter

Bildredaktion – Hubert Burda Media:
Sabrina C. Maier, Heinrich Göderz, Peggy Böhm-Mildenberger

Grafik
Simone Vollmer & Ulrich Siefert

Lektorat
Ulla Martinson, Reinhold Klein

Druck
B&K Offsetdruck GmbH, Ottersweier